JN084489

# まえがき

日本史に限らず、近代史は世界史の文脈で語られねばならないと思われます。では世界史の文脈で語るのに、何故『石原莞爾と昭和天皇』かというと、当時の日本と世界の矛盾が、この二人の関係に最も鋭く表れていると考えるからです。

満州事変は「昭和維新」であったというのも年来の筆者の主張ですが、石原の場合、「昭和維新」はロシア革命への対応として考えねばなりません（第一章「石原莞爾の満州事変」参照）。

では石原は満州事変で目的を達成できたのか。「アジア民族の革命的一体化」という石原本来の目標からすれば、満州国の成立は、目標の達成どころか中国民族の憤激を買ったことでかえってアジア民族の分裂のもとになりました。

石原は何故失敗したのか。民族協和に失敗したからです。歴史の後知恵からすれば、日本はすでに朝鮮支配で民族協和には失敗していましたから、朝鮮より広大な地域でそれが成立し得ると考えることに甘さがあったのですが、第一次大戦後、世界的なデモクラシーの発展もあり、石原がその可能性に望みをかけたことも理解出来ます。

何よりも満蒙問題の解決は、日露戦争以後、日本陸軍が避けて通ることの出来ない課題でした。満州国の成立は一応、その課題だけは果たしたのです。石原はその課題解決に加えて国内改造も目指したのですが、そこで障害になったのが昭和天皇の壁でした。二・二六事件では石原は自らの手で改革の芽を潰さねばなりませんでした。日本は「タテ社会」であるとともに「コンセンサス重視社会」で、その象徴が天皇でした。

近代日本は二度の大改革を経て今日の姿になりました。一つは一八六八年（明治元）に始まる明治維新であり、今一つが一九四五年（昭和二〇）の「敗戦」による「戦後改革」でした。明治維新が西欧列強の軍事的圧力を受けていたとはいえ日本人自身の行った変革であったのに引き替え、「敗戦」による改革は、五大改革指令や憲法改正などに見られるように、占領軍の命令によるものでした。

しかしその戦後改革も、日本人自身の積極的協力がなければあれだけの成果がえられなかったことも事実です。そして、本来は占領軍による改革であったものを、日本人自身の手による改革（昭和維新）たらしめる上で決定的な働きをなしたものが、戦時中から敗戦直後に於ける石原の活躍であったのも間違いありません。

もちろん、このことはそれ以後の多くの日本人による改革への積極的努力を否定するものではありませんし、中でも吉田茂外相・首相の「戦争に負けて外交で勝つ」という考え方が極めて大きな力となったことを否定するつもりはありません。私が重視するのは、占領軍が入ってくるより前に、国体護持と共に、日本人自身による武装解除と積極的な占領軍政受け入れを主張し、実行させたことにあります。それを可能にしたのが天皇の御聖断と石原の「敗戦は神意なり」というスローガンでした。その意味するところは敗戦の混乱を転じて「昭和維新」の原動力とすることにありました。

敗戦直後、茫然自失、虚脱と麻痺状態に陥った国民の前に、颯爽と現れて「新日本の進むべき道」を示したのが外ならず石原莞爾でした。八月十五日、日本が戦争に敗れたその日の夕刻、彼は、袖浦村黒森（今日の酒田市黒森）の農業会会場で、「敗戦は神意なり」と喝破したのです。石原によれば「敗戦」は悪弊打破の絶好の機会というわけでした。彼はその後、全国を飛び回り、日本人自身による軍の解体、都市解体、農工一体、簡素生活による新日本の建設を訴えたのです。

敗戦直後に於けるそのような石原の水際だった登場を許した原動力が何だったのか。そのことの核心を物語るのが、戦前・戦中・戦後における「石原莞爾と昭和天皇」の関係でした。

明治維新の成功が佐幕派孝明天皇の犠牲の上に成り立ったとすれば、昭和天皇が昭和維新に「敗戦」という代償を払うこともやむを得なかったと思われます。その場合、天皇の戦争責任を最も良く識る石原が、敢えて「天皇の御聖断」を「神意」と潤色し、戦争責任追求を「国民総懺悔」に置き換えて国体を擁護し、敗戦後の混乱を回避したのです。第一次大戦後のドイツの混乱がヒットラーの台頭をもたらしたことを識る石原莞爾ならではのことでした。

石原が一九四四年三月から七月の『東亜連盟』に「国民社会主義ドイツ労働党初期の運動」を書いたのは、明らかに敗戦後の日本に備えるものであったと思われます。

石原は戦後の日本、いや、アジアの政情にも深くかかわっているのです。

# 目次

# 石原莞爾と昭和天皇

## 敗戦は神意なり

# 第一章　石原莞爾の特異性

# 第一節　石原莞爾の満州事変

## ――満州事変のモデルはむしろロシア革命であった――

### はじめに――従来の石原論の問題点

井本熊男（陸士三七期）は石原莞爾の満州事変に始まる対米持久戦略について、「二百年前の欧州の一角における歴史を世界的に国際関係の複雑な現代の状況に当てはめたところに大きな齟齬があったと思う[1]」と批判しています。井本は昭和九年に陸大を卒業し、翌十年十二月からは参謀本部作戦課に勤務し、以後、ほぼ一年半にわたって直属の部下として石原に仕えたというばかりでなく、戦後も旧日本陸軍の戦略に関して広く研究し、石原思想についてもかなりの理解を示している人です。この人にしてこの言葉があるところに石原理解の困難さがあるように思われます。

本稿は石原の満州事変及びそれ以後の対米持久戦略が、決して単に、「二百年前の欧州の一角における歴史を世界的に国際関係の複雑な現代の状況に当てはめた」ようなものではなく、むしろロシア革命から総力戦を克服する思想戦略を学んだことを示し、満州事変の持つ戦略的意味を考え直したいと思います。

### 一　石原と軍中央官僚との思想的異質性の問題

満州事変に対する石原莞爾の基本認識は、昭和四年七月四日、北満参謀旅行の第一日目に石原によって提示し説明された「戦争史大観」の中に端的に示されています。よく知られた資料ではありますが、石原に対する誤解の基になっているものですから次に掲げておきます。

目下われらが考えおる日本の消耗戦争は作戦地域の広大なるために来たるものにして、欧州大戦のそれとは根本を異にし、むしろナポレオンの対英戦争と相似たるものあり。いわゆる国家総動員には重大なる誤断あり。もし百万の軍を動かさざるべからずとせば日本は破産の外なく、またもし勝利を得たりとするも戦後立つべからざる苦境に陥るべし。……露国の崩壊は天与の好機なり。日本は目下の状態に於ては世界を相手とし東亜の天地に於て持久戦争を行ない、戦争を以て戦争を養う主義により、長年月の戦争により、良く工業の独立を全うし国力を充実して、次いで来たるべき殲滅戦争を迎うるを得べし。[2]

井本熊男が「二百年前の欧州の一角における歴史を世界的に国際関係の複雑な現代の状況に当てはめた」と考えるのはこうした言い方を鵜呑みにするからですが、次節で述べるように、石原は、むしろロシア革命から影響を受けながら、思想的誤解を避ける為と、少しでも総力戦の匂いを消す為にそのことを省略し、ナポレオンを強調したのです。

この戦略思想は翌五日、北満参謀旅行の第二日目に示された「国運転回ノ根本国策タル満蒙問題解決案」で具体化されています。その骨子は「満蒙問題ノ解決ハ日本カ同地方ヲ領有スルコトニヨリテ始メテ完全達成セラル　対支外交即チ対米外交ナリ　即チ前記目的ヲ達成スル為メニハ対米戦争ノ覚悟ヲ要ス」[3]ということにあります。言い換えれば、対米戦争の危険を犯しても満蒙を領有しなければならないということです。

その戦略的過激性は、昭和六年四月には「満蒙問題解決ノ為ノ戦争計画大綱（対米戦争計画大綱）」[4]

にまで徹底されました。この中では「戦争目的」も満蒙領有のみならず西太平洋の制海権の確保にまで広げられていますが、「戦争指導方針」においては、目的達成の為には殆ど全世界を相手の戦争と国内改造を覚悟しなければならないというものでした。これは、その本質がアジア解放の革命戦略（昭和維新）であるという視点を外すと全く気違いざたという以外にないものです。

この石原戦略の革命的狂気に対比すれば、昭和六年（一九三一）六月段階に軍中央が作成した「満州問題解決方策の大綱」は、極めて常識的な帝国主義的膨張路線です。これも満蒙問題の解決に「軍事行動の已むなきに至る」場合のあることを認めてはいますが、重要な点は、「内外の理解を得ることが絶対に必要」と考えている点です。しかも「緊密に外務省関係局課と連絡の上、関係列国に満州で行われている排日行動の実際を承知させ、万一にもわが軍事行動を必要とする事態にはいったときは列国をして日本の決意を諒とし、不当の反対や圧迫の挙に出でしめないよう事前に周到な工作案を立て、予め上司の決裁を得ておき、その実行を順ならしめる」というのです[5]。幣原外交と言っても、満蒙権益擁護の態度に変わりはなかったことから考えれば、幣原外交と軍中央と石原の三者の関係から言えば、決定的な対立は幣原外交と陸軍の間ではなく、軍中央と石原の間にあったと言えるのです。一体、こうした思想戦略上の間隙はどこから生じたのでしょうか。

## 二　石原の対米持久戦論の形成過程におけるロシア革命の影響

石原莞爾の戦略理論への出発が日露戦争への疑惑であったことはよく知られていますが[6]、疑念のもち方に既に彼の基本姿勢が表れています。彼は「いかに考究しても、その勝利が僥倖の上に立っていたように感ぜられる。もしロシヤが、もう少し頑張って抗戦を持続したなら、日本の勝利は危なかったのではなかろうか[7]」と言います。ここで石原が「僥倖」と言っていることは、英米による好意的中立と戦費借款と講和斡旋等を意味することは間違いないでしょう。とすれば、これは松村正義等の一連の研究に待つまでもなく明治政府にとっては決して単なる「僥倖」ではなく、むしろ懸命に作り出した外交活動の成果でした。これを「僥倖」とし、しかも「世界列強が日本を嫉視している時代」にはそうした姿勢を続けることは不可能と突き詰めるところに欧米との妥協を拒否する石原の世界観が表れています。

石原の対米持久戦略が形成されたのは日露戦争後、特に第一次大戦中から昭和初期までの間です。その時期、石原は陸大学生から、教育総監部勤務を経て中支那派遣隊司令部付としての漢口駐在、さらに陸大教官となってドイツに出張、帰国しても陸大教官を続けています。その時代の彼の戦略構想形成については石原自身は次のように要約しています。

ロシヤ帝国の崩壊は日本の在来の対露中心の研究に大変化をもたらした。それは実に日本陸軍に至大の影響を及ぼし、様々に形を変えて今日まで、すこぶる大きな作用を為している。ロシヤは崩壊したが米国の東亜に対する関心は増大した。日米抗争の重苦しい空気は日に月に甚だしくなり、結局は東亜の問題を解決するためには対米戦争の準備が根底を為すべきなりとの判断の下に、この持続的戦争に対する思索に漢口時代の大部分を費やしたのであった。当時、日本の国防論として最高権威と目された佐藤鉄太郎中将の『帝国国防史論』も一読した。この史論は、明治以後に日本人によって書かれた軍事学の中で最も権威あるものと信ぜられるが、日本の国防を英国の国防と余りに同一視し、両国の間に重大な差異のあることを見逦している点は、遺憾ながら承服できなかった。かくて私は当時の思索研究の結論としてナポレオンの対

英戦争が、我らの尤も価値ある研究対象である

との年来の考を一層深くした[8]。

「対米戦争の準備が根底を為すべきなり」という「思索研究」が、「ナポレオンの対英戦争」に決着するまでには、石原が故意に省略している途中経過があります。

欧州大戦の真っ只中から戦後にかけての時期に対米戦争を考えるのに、欧州大戦とロシア革命を考察の対象にしなかった筈はありません。ただ、欧州大戦とロシア革命は総力戦とその帰結であり、「そもそも持久戦争は大体互角の戦争力を有する相手の間に於てのみ行われるもの[9]」と考える石原にとって、総力戦を突き詰めてゆけば対米戦争の可能性などなくなってしまいます。しかも、彼自身は日米持久戦争の可能性をあきらめきれず、総力戦克服の可能性を必死に追求して行った時、「ロシア革命」が次のように見えて来たのです。

ソ連革命でさえも、その成功の最重要要素は、マルクスの理論ではない。レーニンがあの革命をやった時に、資本主義国家が、若しも「レーニン君確かりやれ」という調子で、煙草でも吹かしながらゆっくり見物しておったならば、恐らくソビエト革命は人民の反抗を受けて、レーニンは失敗したのではないかと考える。ソ連にとって幸いなことは、資本主義の国家がソ連革命にびっくりして、ソビエト・ロシアを潰してしまえと、武力で押しかけて来たことであった。イギリスやフランスは勿論のこと、日本もアメリカ合衆国も共同して、殆ど全世界を挙げてレーニンの革命に反対したのである。これをレーニンが巧みに利用した。ロシアの大衆は何のことかまるきり解らないが、しかし外国人が自分の祖国を攻めて来るというので、主義の如何を問わず、これを防衛した。レーニンはこの資本主義諸国家の圧迫というこ

とをうまく利用して、とにかく一億数千万の民心をつかみ、広大なロシアを統一したのである。[10]

彼の対米持久戦争の骨格がこの「ロシア革命」をモデルとして形成されたことはほぼ間違いありません。というのは石原は第一次欧州大戦を「自由主義から統制主義への革新」の開始期とするばかりでなく、ロシア革命を次のように戦略的に高く評価しているからです。石原は「最初から方針を確立し一挙に迅速に決戦を求める」会戦のやり方を第一線決戦主義と名付け、「最初は先ず敵を傷める事に努力し機を見て決戦を行なう」会戦のやり方を第二線決戦主義と名付けます[11]が、そうした戦略論からロシア革命を次のように意義づけます。

> ソ連邦革命は人類歴史上未曾有の事が多い。特にマルクスの理論が百年近くも多数の学者によって研究発展し、その理論は階級闘争として無数の犠牲を払いながら実験せられ、革命の原理、方法間然するところ無きまでに細部の計画成立した後、第一次欧州大戦を利用してツアー帝国を崩壊せしめ、後に天才レーニンを指導者として実演したのである。第一線決戦主義の真に徹底せる模範と言わねばならぬ。
>
> しかし人知は儚いものである。あれだけの準備計画があっても、やって見ると容易に思うように行かない。詳しい事は研究した事もないから私には判らないが、列国が放任して置いたらあの革命も不成功におわったのではなかろうか。少なくともその恐れはあったろうと想像せられる。資本主義諸列強の攻撃がレーニンを救ったとも見る事が出来るのではないか。資本主義国家の圧迫が、レーニンをしていわゆる「国防国家建設」への明瞭な目標を与え大衆を掌握せしめた。
>
> もちろん「無産者独裁」が大衆を動かし得た

る事は勿論であるが、大衆生活の改善は簡単にうまく行かず、大なる危機が幾度か襲来した事と思う。それを乗り越え得たのは「祖国の急」に対する大衆の本能的衝動であった。マルクス主義の理論が自由主義の次に来るべき全体主義の方向に合するものであり、殊に民度の低いロシア民族には相当適合している事がソ連革命の一因をなしていることを否定するのではないが、列強の圧迫とあらゆる困難矛盾に対し、臨機応変の対処を断行したレーニン、スターリンの政治的能力が今日のソ連を築き上げた現実の力である。第一線決戦主義で堂々開始せられた革命建設も結局第二線決戦的になったと見るべきである。……〔中略〕……蓋し困難が国民を統一する最良の方法である。[12]

このようにロシア革命を「第一線決戦主義の真に徹底せる模範と言わねばならぬ」と評価したことは、当然、彼の「国防国家建設」の大枠のモデルとなりました。そのことは何よりも第一次欧州戦争以後の世界を「大きな革命の進行中にある」とし、後にここを「昭和維新」の起点[13]とする見方に表れています。また石原は、持久戦争を可能にする戦略的条件を、主として「欧州古戦史」を例として「一　軍隊価値の低下、二　防御威力の強大、三　国土の広大」という三点[14]に集約していますが、これもロシア革命がその着想の下敷きになっていたと考えて少しもおかしくありません。

ただ、石原は「列国が放任して置いたらあの革命も不成功におわった」と言っていることにも表れているように、当初、国家体制としてはソ連をそれほど高く評価していませんでした。[15]このことはソ連軍事力の復活に対する彼の誤算ともつながったと思われますが、軍人としての限界もあり、またアジア革命の直接のモデルとするには思想的、組織的距離があり過ぎました。

そこで具体的にアジアの舞台に適用するためには、当然、ボルシェビズムに匹敵するアジアの革命思想が求められねばなりませんでした。石原が「外国人にまで納得させる自信」をもてる思想[16]として田中智学の国体論をえらび、国柱会に入るのは大正九年（一九二〇）五月の漢口赴任直前のことです。

ただ、対米持久戦の作戦地域として「国土の広大」を求める石原としては、本来はもっと普遍性のある思想を選びたかったと思われる。その年二月四日の日記に石原は「樗牛ノ日蓮ノ国家観ヲ見テ感ズル所アリ。所詮、徒ニ『日本人』タル私心ニ捉ハレタル精神ヲ以テシテハ到底、世界統一ノ天業ヲ完ウスル能ハザルナリ」と書き、また二月八日には「日蓮ハ蒙古ヲ調伏セズト称スル所、吾人モ亦然リシナラント思フ所アリ」とも書いています。更に樗牛の日蓮観については、その後、漢口に赴任してから鍬子夫人に対する手紙で「高山樗牛ノ、日蓮上人ト日本（?）トカイフ論文ニ、大聖人ハ日本ノ亡国ヲ憂ヘナカッタ、蒙古調伏ヲイノラナカッタ。其処ニ本化上行タル絶対ノ大ガアルトイフ様ナ意味ノコトガアッタト記憶シテイマス」と書き、「田中先生ノ国体観ハ大聖人ノ真意ニアラズ、一歩ヲ譲ルモノ[17]」とまで書いています。しかし、樗牛ほどにまで徹底して日本を捨象した「日蓮」では、普通の日本人の「国防国家」の思想としては不適当と考えたのでしょう。彼が選んだのは、まさに、その「一歩ヲ譲ル」田中智学の国体論でした。

石原が国柱会に入ってからの、この思想普及に努力する意気込みにはすさまじいものがありますが、それに対する論及はここでは差し控えます。ただ我々としては石原の思想的立場が国柱会の立場よりも、はるかに柔軟に日本のナショナリズムを超越した立場に立ち得るものであったことは理解しておく必要があるように思います。石原の信仰は一般の日本人の信仰よりもはなはだしく能動的創造的です。これは、晩年に国柱会の意向に背いても第五五百歳二重説を打ち立てた石原の立場を理解する上でも重要です。

次に「国防国家建設」の舞台となり得る「広大な国土」の領域としてはどこまでが適当でしょうか。陸大卒業後の石原が、優等卒業生の権利ともなっていた留学先に欧州でなく「漢口」を選んだことにそのことが窺えます。大正九年（一九二〇）六月に石原は漢口に赴任しますが、その八月五日、石原は陸大同期首席の鈴木率道を漢口の南東の大冶鉄山に案内して西沢博士の家に泊まりました。六日の妻錸子宛の手紙で石原は次のように書いています。

西沢博士ハ此大冶ニ来ラレテカラ二十数年ニナラレ、当時生レタ支那人ノ子供ガ結婚スル様ニナッタト笑ッテ居ラレマス。昨夜宴会等ハ支那人ノ主ナル者四五名ト、ソレニ日本人三名計リデシタガ誠ニ和気アイアイタルモノデス。……日支両国人ハ全ク同胞ノ感ガアリマス。[18]

「広大な国土」の範囲が日本・朝鮮・満蒙・中国を含む東アジアという範囲に固まって行った過程についてもここではこれ以上の論及を差し控えますが、石原は「日本海、支那海を湖水として日満支三国に密集生活している五億の優秀な人口」は対米持久戦のためには「真に世界最大の宝」であると言っています。[19]

そうするうちにも日本の国際的な孤立はますます深まって来ました。これは「困難が国民を統一する最良の方法」と考える石原にとっては決してマイナスの条件ではありませんでした。日蓮主義によるアジア規模での革命と国際的な干渉戦争を通じての日中親善の可能性を確信している石原は、大正九年八月十四日にはそのことを妻錸子宛てに次のように書いています。

ドウモ日本ハ益々孤立ニナッテ来ル様デハアリマセヌカ。米国ノ遣リ方等ハ中々猛烈ナ様デス。成金気分ノ米国ハ、日本成金ガ半可通ノ骨董ヲイジクルト同ジ心理状態デ、不徹底ナ正義・人道トカヲ看板ニシ、彼等ガ本心ノ利益問題トカラマッテ、或ハ日本ニ戦ヲ強ヒル様ナコトガナイトモ限ラナイト思ヒマス。ソウナッタラ支那ハ勿論、恐ク英国モ露西亜迄モ其味方トナリ、日本ハ全世界ヲ敵トシナケレバナラナイ様ニナリマセウ。私ガソンナ事ヲイフト、人ハ皆ソンナ戦ハ日本ガ出来ルモノカト本気デ受ケ付ケマセヌ。少クモ日本トシテハ強ヒラレタナラ此困難極マル戦デモ決シテ恐レナイ度胸ヲ定メナケレバ一日モ速ニ米国ニ降参スルノガヨイ訳デス[20]

　ここには昭和六年四月の「満蒙問題解決ノ為ノ戦争計画大綱（対米戦争計画大綱）」の思想的骨格がほぼ完全に表れています。第一次欧州戦争以後は世界規模の革命が進行中であると考える石原は、最初はそのままアジアに於ける革命実践に乗り出すつもりではなかったかとも思われます。

　しかし、漢口から帰国した段階で、第一次欧州大戦の教訓としての総力戦思想と対決するためにも、本格的にヨーロッパでの研究の必要性を感ずるようになりました。大正十一年四月、田中智学の三男の里見岸雄が欧州に留学すると聞いて、里見に対し「私はこれまでに何度も陸軍から欧州に行けと言われていたのですが、余り必要性を感じないので断ってきました。しかし、今回先生が御渡欧なさることを知り、急に行きたくなりましたので、来年までには必ず独逸に参るつもりでおりますから、その節はよろしく」と挨拶したと言います。国柱会の思想を深めることと平行して総力戦に対する研究、その裏返しの総力戦克服戦略としての欧州古戦史の研究の必要性が自覚されるようになったのです。

　石原は大正十二年（一九二三）一月に横浜を出港、三月にベルリンに到着、以後大正十四年（一九二五）九月にベルリンを出発するまで、丸二年半をドイツにあって、主として欧州大戦が殲滅戦略から消耗戦略に転換するところに興味をもって研究した[21]のです。同時に、安田武雄大尉からベルリン大学のデルブリュック教授とルーデンドルフ一党との間に展開されていた論争のことを聞き、特にデルブリュック教授の殲滅戦略、消耗戦略の理論を学んだのです。こうしてフリードリッヒ大王の消耗戦略からナポレオンの殲滅戦略への変化は欧州大戦の変化とともに石原にとっては軍事上最も興味深い研究対象となりました。

その成果は、大正十四年（一九二五）九月に帰国して陸軍大学校教官となった石原が大正十五年（一九二六）暮から昭和二年（一九二七）三月三十日まで原則として毎週火曜日に第三年学生に対して行った十六回の講義、及び同年五月三十日から昭和三年二月十八日まで第二年学生に対して行った三十五回の講義で示されました[22]。戦史としては面白いものであったと思われますが、総力戦の時代に、故意に欧州大戦から欧州古戦史に視点をずらしたことの意味が学生に分かったかどうかは疑問です。それに学生にとっては、講義録もなく、しかも早口でノートを取るのが大変だったようです。昭和二年七月十二日の石原莞爾日記に「試験ヲ行フ　成績ヨロシカラス」とありますが、今日、印刷された内容からみても、内容の正確な理解は困難だったと思われます。

欧州古戦史の研究を主体とするようになっても、石原にはソ連の「革命戦略」は基本的研究課題の一つでした。彼は「革命」概念を、「世の中は、あることに徹底したときが革命の時なんです」と一般化します。フランス革命における横隊戦術から散兵戦術への変化なども「それが時代の性格に最も良く合っていたのです。革命の時代は大体そういうものだと思われます[23]」として説明します。

しかし石原は内容もないのに「革命、革新」という観念的議論を振り回すことを好みませんでした。

例えば、ナポレオンの戦略戦術を論じたデルブリュック教授の「仏人は自己が親しく目撃する変化をほとんど意識せず、また諸種の例証に徴して新形式を組織的に完成する事にあまり意を用いざりし事実を窺い得る」という言葉を紹介した後で、「革命、革新の実体は多くかくの如きものであろう。具体案の持ち合わせもないくせに『革新』『革新』と観念的論議のみを事とする日本の革新論者は冷静にかかる事を考うべきであろう[24]」と言っています。

フリードリッヒ大王の研究が、大陸での持久戦争研究を目的とした石原にとって欠かせない問題であったとはいえ、欧州古戦史研究の第一の目的がナポレオンの対英持久戦争、すなわち対英大陸封鎖作戦の研究であったことは、究極の目標が対米持久戦争準備であったことから当然のことでした。しかも石原は昭和二年から三年にかけての陸大での講義の中では、その対英持久戦争を(1)エジプト遠征と(2)英国侵入策までは書き上げながら、ついに(3)大陸封鎖に関しては「起草ニ就テ」研究資料を用意し、四項目にわたる着眼要点を記述するに止まりました。それは彼がその執筆直前に病気になったからですが、そのことは石原にとって、この課題がいかに精神的重圧を伴うものであったかを示しているようにも見えます。石原自身、昭和三年三月二十二日の日記に「誠ニオカシキ次第也、此間イヨイヨ大陸封鎖ノ執筆ニ着手セントセシ時風邪トナリ　此回亦更ニ準備ヲ新ニシテ正ニ着手セントスルヤ病臥ス」と書いていることはむしろ悲惨ともいえる彼の切実な気持ちを語るものです。

理論としては未完成のままに彼は参謀として関東軍に赴任し満州事変を引き起こします。研究としては未完成でも、軍人としての石原には目前に解決を待っている満蒙問題がありました。彼は現実の課題を解きつつ理論の完成をも平行して進めるつもりでした。彼はそのことを「関東軍に転任の際も、今後とも欧州古戦史の研究を必ず続ける意気込みで赴任した。特に万難を排しナポレオンの対英戦争を仕上げる決心であった[25]」と言っていました。

以上のように石原の対米持久戦論は、第一次欧州戦争を契機に起こったロシア革命において列強の干渉戦争を耐え抜いたソ連政権を模範にして出発し、フリードリッヒ大王のシュレージェン戦争やナポレオンの対英戦略の研究の上に構築された総力戦克服の戦略でした。したがってその対米持久戦争論に基づく彼の満州事変は、短期的には成功でも、中・長期的には日本を死地に置くことで日本を含めた東アジアの革命的変革を目論んだ極めて思想的次元の高い革命的持久戦争の始まりでした。石原の満州事変は昭和維新と規定して理解しなければ分からないと主張するのはそういう意味なのです。

### 三　満州事変以後、石原の戦略は、何故、変化したか

それでは満州事変以後、特に昭和十年八月、石原が参謀本部に入ってからどうして彼の対欧米革命戦略は通常の総力戦論に近い所にまでトーンダウンしたのでしょうか。これについては本論のテーマを外れるので、簡単に見通しのみ述べることにします。

石原莞爾自身は昭和十年八月、参謀本部課長になった時の驚きを「満州事変から僅かに四年、満州事変当初の東亜に於ける日・ソの戦争力は大体平衡がとれていたのに、昭和十一年には既に日本の在満兵力はソ連の数分の一に過ぎず、殊に空軍や戦車では比較にならないことが世界の常識になりつつあった[26]」と言っています。

見込み違いというには余りにも予想外に急激なソ連軍事力の強大化でした。石原自身、大正十四年九月、ベルリンからの帰途、わざわざシベリヤ鉄道を通って視察した民度の低さからも想像を絶したことでした。ただ一九二九年に始まるアメリカを中心とした世界恐慌の中で、ソ連の計画経済は唯一、恐慌を免れたばかりか逆に最も理想的な発展を示したと

思われます。

しかし、日本陸軍では、石原が満州事変前に意図的に総力戦を否定したことが満州事変のあまりにも鮮やかな成功で裏目に出た面があります。事変以後、日本陸軍の戦略思想に対立と混乱を生み、予算上の制約と相俟ってソ連軍事力の急激な復活に対する日本陸軍の対応を遅らせました。石原にも責任のあることでした。

当然、このことは石原の戦略に全面的な変更を余儀なくさせました。まず、ソ連の急激な復活を計画経済の成果であると見た彼は、従来の「戦争で戦争を養う」という自由主義経済に遠慮した戦争自給政策を止め、統制経済による急激な軍備増強を図ることとしました。「現在の日本の財政では無理である」とか「無い袖は振られない」と渋る大蔵省を、「私ども軍人には明治天皇から『世論に惑わず政治に拘らず只一途に己が本分』を尽くすべきお諭しがある。財政がどうであろうと皆様がお困りであろうと、国防上必要最小限度のことは断々固として要求する」として押し切ったのです[27]。しかし、政府は軍事費を鵜呑みにしても、自由主義経済を基礎とする日本では、ソ連の軍備に追いつくような経済力の建設がにわかにできる見込みはありません。何とかして生産力拡充の具体案をもって政府に迫るべきだと考えて、宮崎正義に「日満経済財政研究会」を作らせて、日本経済建設の立案をさせたのです。この宮崎の作った計画が成果を見るまでは何としても平和を維持しなければならぬというのが石原の立場となりました。こうして、従来のアメリカに的を絞った石原のアジア革命戦略は大幅にトーンダウンせざるを得なかったのです。

ですが、皮肉なことに満州事変の成功によって、逆に他の軍人たちは中国のナショナリズムを見くびり、総力戦や計画経済を軽視するようになっていました。その結果、昭和十二年に勃発した日中戦争で石原構想が破綻を来したことは周知のことです。

## おわりに

石原莞爾の満州事変はナポレオンよりもむしろロシア革命を念頭に描かれた対米持久戦争の始まりでした。石原がロシア革命を「第一線決戦主義の真に徹底せる模範」と称賛しながらも、これが結局は「第二線決戦的になった」と評価し、革命戦争が持つ困難性を指摘したのはそのためです。しかも、石原は、総力戦が支配的な時代、革命戦争以外に対米持久戦争に敗北しない戦略を見いだすことは出来ませんでした。したがって、石原の満州事変は短期的には成功でも、中・長期的には日本を「死地」に置くことで、東アジア全体の革命的変革と一体化を目論んだ、思想的次元の高い革命的持久戦争の始まりを意味しました。

最近の黒沢文貴・黒野耐・戸部良一等の研究によっても、第一次大戦が国防思想に与えた影響としては総力戦が圧倒的でした。しかも、総力戦となればアメリカに対抗する可能性など皆無でしょう。石原はロシア革命を見て、初めて総力戦を回避する戦略思想を着想出来たのです。にもかかわらず石原がロシア革命を直接のモデルとしてあげなかったのは、戦略思想としての未熟の外に、無用の思想的誤解を避ける為と、少しでも総力戦のにおいを消したかったからです。軍人としての限界もありました。石原は思想としては日蓮主義による国体論信仰に止め、戦略の研究としてはフリードリッヒやナポレオンに打ち込んだのです。

しかも、ひとたび満州事変が成功すると、ことさらに総力戦戦略を回避したことは裏目に出ました。満州事変のあまりに鮮やかな成功に印象づけられて、日本陸軍では対外戦略を巡る対立が起こり、予算上の制約とあいまってソ連軍事力の急激な復活に対する対応が遅れたのです。

参謀本部に入って、そのことに気づいた石原は戦略を一八〇度転換しますが、今度は多くの陸軍エ

**満洲建国会議における石原莞爾**

1932年２月16日　関東軍司令官室にて。後列右から６人目が石原。背後に「南無妙法蓮華経」の垂れ幕がある。（『永久平和の使徒石原莞爾』冬青社、1996年より）

リートたちは彼の転換に追随できませんでした。そのことが石原の権威を傷つけ、彼が作戦部長の要職にありながら日中戦争の勃発を阻止できない背景をなしたのです。

井本熊男の例に限らず、石原に関しては、身近にいた人々の間にも必ずしも十分な理解があったとは考えられません。福田和也が、石原は「軍内に全然人望がなかった」とし、それは彼が傲慢だったからだと言っている[28]が誤解でしょう。石原は軍内にも人望がなくはなかったし、それによって人々が離れて行ったわけでもありません。ただ井本の例が物語るように石原の戦略思想を理解できたものは少なかった。そして石原に対する誤解の多くはやはり彼の満州事変戦略思想に対する誤解に発しているのです。

最近、福田和也に限らず花輪莞爾、佐高信らのようなむしろ文学畑の評論家による石原莞爾論が盛んです。これらを読んでみて改めて四半世紀以上も前に出されたピーティの石原伝[29]が未だに本格的な伝記としての魅力を失っていないことを痛感させられます。それだけにこの作品が持つ石原莞爾像の歪みは残念です。満州事変に関しても、五百旗頭真の書評[30]に関東軍と軍中央の関係などに問題が残るとの指摘が見られました。にもかかわらず、これまで、管見による限り本格的な欠陥の克服は果たされてきませんでした。石原の生涯に対する比較的にバランスの取れた叙述に呑まれて問題点の的確な把握が為されてこなかったためもありますが、石原と他の軍人、特に軍中央にあった人々との思想的な距離を理解しないところからくる誤解によるところが大きいように思われます。

石原莞爾にはまだ解かれていない謎が多いのです。

註

(1)　井本熊男「国防の基本問題を考え戦時中の経験を語る」『偕行』一九九三年五月号。
(2)　石原莞爾『最終戦争論・戦争史大観』(中公文庫、一九九三年)一三六頁。『石原莞爾資料　国防論策』(原書房、一九六七年)にも採録されていますが、ここでは敢えてわかりやすい表現を採用している中公文庫から引用しました。
(3)　前掲『石原莞爾資料　国防論策』四〇頁
(4)　同右、七〇～七一頁
(5)　『現代史資料7』(みすず書房、一九六四年四月)一六四頁
(6)　五百旗頭真は石原の『最終戦争論・戦争史大観』(中公文庫)の解説で、日露戦争は石原の原体験と説明しています。
(7)　同右『最終戦争論・戦争史大観』一二三頁
(8)　同右、一二五～一二六頁
(9)　同右、三一頁
(10)　『国防論』四四～四五頁、『石原莞爾全集』第一巻所収
(11)　前掲『最終戦争論・戦争史大観』一三〇頁
(12)　同右、二四六～二四八頁。ただし傍線は引用者
(13)　石原は最終戦争論中の昭和維新の定義(同右、

四七頁）で第一次欧州大戦をその開始期とし、また昭和十五年三月一日の「満州建国と支那事変」という講話の中で「欧州戦争というもの以後世界は大きな革命の進行中にある」と言っています（『東亜聯盟』昭和十五年四月号、復刻版第三巻、十六頁）。

(14) 同右、九〇～九四頁

(15) 同右、四三頁、ソ連は「瀬戸物のようではないか。堅いけれど落とすと割れそうだ」とか「スターリンに、もしものことがあるならば、内部から崩壊してしまうのではなかろうか」とか言っています。

(16) 同右、一二九頁

(17) 『石原莞爾選集』1（たまいらぼ、一九八五年）二二四頁。事実、日蓮は『撰時抄』において「国主等其のいさめを用ずば隣国にをほせつけて、彼々の国々の悪王悪比丘等をせめらるるならば、前代未聞の大闘諍一閻浮提に起るべし」と為政者を脅迫しています。

(18) 前掲『最終戦争論・戦争史大観』一〇三頁

(19) 前掲『石原莞爾選集』1、八六～八七頁

(20) 同右、九六～九七頁
一九二〇年（大正九）八月十四日付のこの書簡で石原は、米国は「或ハ日本ニ戦ヲ強ヒル様ナコトガナイトモ限ラナイ」と言っています。ところが、『石原莞爾選集』第一巻ではそこの所を「或ハ日本ニ我慢ヲ強ヒル様ナコトガナイトモ限ラナイ」と読んでいます。「戦」と「我慢」とでは、石原の対米観に決定的な違いが出てきます。私は軍事史学会編『再考・満州事変』（錦正社、二〇〇一年）にこの論文を発表した時にはその事に気づかず、後に酒田市立図書館所蔵の原文書にあたった時、その間違いを発見し、同時に、『石原莞爾選集』第一巻・第二巻にはその外にも読み間違いや、書簡の前後、頁の入れ間違い等があることにも気づきました。とにかく『石原莞爾選集』第一巻・第二巻にはかなりの読み間違いや、日付け、挿入場所の間違いがあり、特にこれを石原の日記のように読む場合には注意が必要です。

(21) 前掲『最終戦争論・戦争史大観』一二七頁

(22) 稲葉正夫は『石原莞爾資料　戦争史論』の「解題」で、第二年学生に対して行った三十五回の講義は昭和二年五月三十日から同年十一月までと書いているが、日記によると昭和三年二月十八日まで行われている。

(23) 前掲『最終戦争論・戦争史大観』一八～一九頁

(24) 同右、一九三頁
(25) 同右、一三一～一三二頁
(26) 同右、一三八頁
(27) 同右、一三九頁
(28) 「20世紀日本の戦争」『文藝春秋』平成十一年十二月号
(29) Peattie, Mark R. *Ishiwara Kanji and Japan's Confrontation with the West.* Princeton University Press, 1975. 大塚健洋等訳『日米対決と石原莞爾』たまいらぼ、一九九三年
(30) 『国際政治』五六号（一九七七年三月）一六五～一七一頁

# 第二節　中部軍管区師団長会同再考

## ――石原莞爾と武藤章の関係から――

### 石原莞爾と武藤章の関係

角田順編『石原莞爾資料―国防論策』（原書房一九六七）に掲載されている『石原莞爾日記』一九四〇年（昭和十五）七月二十八日の記事「大阪ニテ大臣ト会見」の「大臣」には右肩に（畑）という注がついています。畑俊六のつもりでしょうが、これは間違いで、この日、石原が会ったのは陸相になったばかりの東條英機でした。

このことについては既に述べたことがあるのですが[1]、この会見に立ち会った人物の中に武藤章軍務局長がいました。最近、石原と武藤との関係の重要さに気づくところがあったので[2]、この日の会見についても、特に石原と武藤との関係から見直す必要を感じるようになりました。

角田は前掲書の「解題」で「武藤等の行き方と較べるならば、石原の諸構想も新戦法も何れも彼らより遙かに革命的であったにも拘らず、之を達成する上の機構人としての執拗さと図太さにおいては石原は彼らより遙かに劣っていた」と評価しています。確かに石原は武藤を直属の部下としてうまく使うことが出来ませんでした。しかしそれは石原に「執拗さと図太さ」が欠けていたというよりも、両者を隔てる思想的隔たりの大きさのせいではないのか。同時に一般の軍人との思想的落差を自覚していた石原は、武藤の思想的柔軟さと上司にも直言する勇気を

1940年７月28日 大阪城前に居並ぶ中部軍管区師団長の面々（鶴岡市郷土資料館所蔵）

買いかぶり、彼を思想的アンテナとして必要視していたのではなかったのか。従来、石原と周囲の軍人との関係では、東條英機や梅津美治郎等との対立が重視されていますが、歴史上の役割ではむしろ武藤との関係の方が重要だったと思われます。

戦前の陸軍は巨大な組織で、石原と武藤との関係にしても両者が接触した時期は限られています。以下、その時期を拾い上げて検討します。

## 最初の出会いはドイツ留学時代

石原と武藤は陸大三〇期と三二期で、その時代にも一応の面識はあったかとも思われますが、本格的な出会いは一九二三年（大正十二）暮れから二五年（大正十四）夏までの両者がドイツ留学中のことでした。この時、石原は武藤をもっぱら日蓮主義入信の折伏相手と考えています。

二四年（大正十三）一月八日、石原は妻銻宛ての手紙で、「この度来たりし一大尉は、大いに研究に志あり。まことに心強し。武藤と申す教育総監部におりし大尉なり。日本国体に対する疑問より、少々、心に煩悶ある模様。この男、我が徒に来るは確実と信ず。なかなか頭も良く、意気の盛んな青年士官、必ず捕虜とすべき決心なり」と折伏成功に自信をのぞかせています。引き続き二月十三日の手紙でも「同氏の研究もその後大いに進み、初めには日蓮、日蓮、と呼び捨てし此の男が今日、聖人というまでになれり」と言っていました。

そして五月二八日には、折からベルリン滞在中の里見岸雄に講演を頼み、広く教勢の拡大を図っていますが、石原のこの日に於ける主な期待は武藤にありました。翌日付の手紙で石原は「昨夜、香椎大佐の宅に先生にお願いし約二時間の講演を開き、夕食の馳走中大いに談じ、夜半帰来。極めて愉快なりき。兵隊の元気には先生も驚かれたるが如し。武藤君は殊に熱心なりき。又武藤君の話によれば同氏夫人より最近信仰を求めたしとの来信ありし由。若しお序あらば訪ねくれたく、且つ適当の集会等に案内せられたし。この夫人は尾野大将の娘にて目下同大将邸にあり。偕行社員名簿にて住所を発見しうべし[3]」と言っています。ただ、この「武藤の熱心」は見せかけで逃げの姿勢からだった可能性もあり、夫人の信仰を持ち出したのも、折伏の矛先をそらせたい気持ちだったとも考えられます。六月八日には「武藤君より世田谷の番地を照合し来たれり。細君に鉾子君を訪ぬるよう命令せるものと察せらる。先方に好感を与える為、当方より先手を打つこと極めて有効と信ずる故、この手紙つき次第、もし時間あらば訪問し、時間なくも手紙の一本位出してくれたまえ。武藤はなかなか立派な人なる故、この一族を教化することは極めて有効と信ず[4]」とすっかり家族ぐるみの折伏を考えるようになっています。武藤という人物は、陸軍に入ったのも母親の「強い希望」に従ったからと言っているように[5]、彼の思想形成上における家族の比重は重いようです。だがそれだけにこの家族ぐるみの折伏ということは格段に困難になった筈で、折伏は成功しませんでした。

石原はこの留学中に日蓮主義を精神的拠点とし独特の「最終戦論」を組み立てました。「最終戦論」は石原に遠大な見通しを与えましたが、一面、彼の戦略思想を一般日本人の理解力を超える次元に導いたと考えられます。同時に、この極めて科学的で厳密な未来予測は、逆に石原の日蓮主義理解を縛ることになり、仏教予言としての正法・像法・末法も、大まかな概数としての意味を失い、正確で厳密な未来予測ということになりました。当然、出発点となる仏滅年代も、信仰を左右する大問題となり、後に五五百歳二重説という石原独特の解釈を生み出します。石原には仏教も厳密な科学的合理性の上に成り立つことになるのです。

### 満州事変と事変後の中国観の乖離（解放か侵略か、民族協和をめぐる対立）

第一次大戦以後、中国に関する国際関係を規定したのは現状維持を謳った九ヵ国条約でした。ところが中国では蒋介石を首班とする国民政府の統一が進むにつれ権益回収気運が高まり、特に満州（中国東北地方）では張学良が性急な権益回収策を取り始め、満鉄をはじめ日本の権益も深刻な危機に直面しました。当時の日本人にとってこの権益は日清戦争→北清事変→日露戦争という国運を賭して手に入れたもので、極めて執着の強い対象でした。それだけに中国側の権益回収熱は満蒙問題という強烈な危機意識を呼び起こしました。

一九二八年（昭和三）、こうした満蒙問題の深刻化に際し、石原は自ら志願して関東軍（満蒙権益を守るため現地に駐屯していた日本軍）参謀に就任、一挙に満蒙を制圧する計画を立てます。彼はその後三年にわたって関東軍内部はもちろん、軍中央へもかなり入念な根回しを行い、ほぼ了解の域に達していました。

ところが三一年（昭和六）三月に宇垣一成担ぎ出し工作（三月事件）に失敗した軍中央は国際協調を旗印にする民政党内閣の下での事変遂行の困難にたじろぎ、急遽、方針転換を図ります。こうした軍中央の意思変更の実行役を担わされたのが事変直前に参謀本部作戦課長となった今村均でした。しかし中央のたじろぎを知った関東軍は機先を制して満州事変（九・一八事変）を起こします。事変勃発後、事変の拡大を阻止しようと現地に赴いた今村は関東軍参謀達の面前で、石原から「何と云うことです、中央の腰の抜け方は」と面罵され説得に失敗しました。今村が本気で関東軍を押さえにかかるのはそれ以後です。

この時、中国側は蒋介石も張学良も中原大戦と呼ばれる内乱鎮圧に手を焼いている最中で、到底、日本軍に対抗する余裕はなく、彼等が頼みにしたのは専ら国際社会からの圧力と日本政府の国際協調姿勢でした。したがって満州事変の実質は、日本軍の内乱に近いものとなり、実際に対峙することになったのは、日本政府の意向を受けて事変の不拡大を図る軍中央の今村と、あくまで事変拡大を企図する関東軍の石原だったのです。

今村は天皇に上奏して関東軍司令官の権限の一部を取り上げ、関東軍が独断で戦域を拡大する道をふさぎましたが、それに対して石原がとったのは于冲漢など保境安民派や地方弱小軍閥など現地民の独立運動を扇動して戦域を拡大することでした。十月二十六日、日本政府は第二次政府声明を出して国際的に日本軍の撤退を約束しますが、これがその後の軍機漏洩問題につながります。日本の国内世論が圧倒的に関東軍を支持する中で、十二月、民政党内閣は閣内不統一を起こして瓦解、内閣が交代した段階で今村と石原の闘いも決着がつきます。その後、事変は拡大の一途をたどり遂に満州国の成立を見ました。この事変に対する武藤の立場は今村直属の部下であったにも拘わらず、公然と今村の立場に反抗し、関東軍（石原）の行動に同調する態度であったようです[6]。

武藤に限らず陸軍軍人の多くが石原と対立するようになるのは、事変の結果、満州国という独立した植民地が出来たことによります。本来が大アジア主義（アジア解放）の理念を持っていたことに加えて、事変の過程で現地民の協力を得た石原が、建国後の満州統治にその独立性を尊重する「民族協和」を必要と考えたのに対し、満州国に対しても朝鮮・台湾同様、総督統治の延長上で考える多くの日本人、特に陸軍軍人にとっては、その「独立」はあくまで名目的なものに過ぎなかったからです[7]。

したがって、三二年（昭和七）八月の人事異動で石原が関東軍から外されると、満州国からは急速に「民族協和」熱が薄らいでゆくことになります。しかし石原や彼の周辺で満州国成立に尽力した人々は、その後も「民族協和」を本気で推し進めようとし、それが満州国協和会をめぐる対立となります。

## 皇道派・統制派の対立と石原の立場

戦前日本の国防上最大の問題は陸軍と海軍がそれぞれ統帥権で独立し、統一した国策を持てなかったことです。日本の国防ということからいえば全く変な話ですが陸軍はロシア専門、海軍はアメリカ専門というところがありました[8]。もちろんこれは暗黙の了解で、公式にそんなことが認められていたわけではありませんが、陸軍にも海軍にもお互いに縄張り意識があって、特に日露戦争直前の一九〇三年（明治三六）十二月、勅令第二九三号戦時大本営条例改訂を受けて、陸海軍が戦時も平時も完全に平等ということが認められてからは、その傾向が甚だしくなりました。

そのことは日本の陸軍軍人や海軍軍人の潜在意識

を縛り、陸軍はロシア（ソ連）の脅威を過大に意識し、海軍はアメリカを過大に意識する傾向を免れませんでした。そのことは、逆にロシア革命によるロシアの軍事力崩壊に対する陸軍軍人の過剰な楽観につながったと思われます。その意識の偏向は、石原ほどの人間でも免れておらず、満州事変はロシア（ソ連）の軍事力崩壊を前提としていたといえるのです[9]。

一九三三年（昭和八）五月末、塘沽停戦協定の成立で事変終息の見通しがついた頃、ソ連軍事力の復活が意識されるようになると、それへの対応をめぐって日本陸軍では深刻な対立が生まれました。停戦協定成立直前の四月中旬から五月上旬にかけて、四回にわたって陸軍省・参謀本部合同の省・部首脳会議が開かれましたが[10]、ここで永田鉄山と小畑敏四郎の意見が鋭く対立するのです。永田と小畑は岡村寧次や板垣征四郎等とともに花の十六期といわれた陸士同期の俊秀で、陸大では共に恩賜の軍刀組でした。彼らは荒木貞夫や真崎甚三郎など非長州系の将軍を担いで長州閥打倒と軍制改革による軍の近代化を誓い合った仲だったのですが、三十一年（昭和六）十二月に荒木陸相を実現した段階で亀裂が入ったといわれます。その亀裂が取り繕いようもないほど決定的になったのが先の省・部首脳会議でした。

この会議で、わが国にとって最も危険な相手がソ連であることには一人の反対意見もなかったということですが、永田第二部長からは抗日・侮日飽くなき中国問題を処理した後にソ連に当たれとする意見が主張され、小畑第三部長からは、ソ連一国を目標とする自衛すら困難が予想されるのに中国をも敵とすることは極力避けるべきであると反論があり、双方共に譲らず、激論になったといいます。遂に結論が出ず、永田は第二回以後の会議には出席しませんでした。永田と小畑の対立は人事をめぐる対立を通して陸軍中央を皇道派と統制派という敵対的派閥に分裂させ、そのため、本来、軍制改革を掲げて結束して来た荒木体制は崩壊し、相沢事件から二・二六事件という惨劇を招くことになりました。

派閥争いの根本原因は、ロシア（ソ連）という強大な仮想敵国がなくなったという仮定に導かれて協調外交から離脱、満州国を建国、国際連盟からも脱退した後になって、ソ連という強大な仮装敵国が再現したため、常識的な軍事戦略では有効な対抗策が打ち出せないことにありました。石原ですら中央に招かれるまでは「戦争を以て戦争を養う主義により長年月の戦争によりよく工業の独立を完うし国力を充実して次いで来るべき殲滅戦争を迎うるを得べし」[11]などと気楽なことを言っていたのです。

軍中央に入ってソ連の飛躍的な軍備増強の事実を識ると、石原はその立場を激変させました。彼は、古い考えは、自由主義の精算と共に一掃されねばならないとし、日本の対ソ兵備は「ソ連の東亜兵備と同等の兵力を大陸に位置せしめる」ことにあるとして、財政当局に在満兵備の大増加を要求しました。

石原はこれに留まらず満鉄経済調査会の宮崎正義に日満経済財政研究会を設立させ、日満産業五カ年計画を創らせます。当然、この計画達成までは対外紛争などはもっての外ということになります。

石原の姿勢の激変は軍備に留まりませんでした。彼の「民族協和」論は満州国成立と共に深まっていたと思われますが、それが朝鮮をも含んだ植民地の「政治の独立」を必要と考えるまでに深刻なものになったのは、ソ連軍事力の強大化を見てからだと思われます。ソ連の軍事力に対抗するには、日本民族のみの軍事力では到底追いつかないと考えたのです。東亜民族の心からの一体化がなければこれからの世界情勢の激変に対応できないと考えたことが「政治の独立」を認めるまでの「民族協和論」になったのです。これは総督府政治の延長上にあった一般の陸軍軍人、特に永田鉄山の系譜を継ぐ統制派とは相容れない立場でした。

ただ石原と武藤ら統制派との対立は、石原が軍中央に招かれた当座は明確ではありませんでした。石原は派閥的行動を嫌っていましたから、統制派と皇道派のいずれとも意図的に距離をとっていたため、両派の対立が激化する段階では目立たなかったのです。

## 二・二六事件をめぐっての対応の異同

二・二六事件の時、石原は参謀本部作戦課長、武藤は陸軍省軍務局員であって所属する役所は違っていましたが、共に鎮圧に顕著な功績があったことで知られています。しかし事件への対応にはかなりの違いがありました。

相沢三郎の永田鉄山殺害事件以後、統制派の中心人物となった武藤には皇道派青年将校に対する同情など微塵もありませんでした。それに対し、満州事変以来、本来が昭和維新の必要を痛感していた石原には二・二六事件に決起した青年将校達の志を少しでも生かしたいと思うところがあり、それが二十六日の青年将校との対応や、帝国ホテルでの橋本欣五郎とのやりとりに表れていました。ただ、二十七日早朝、天皇の明確な鎮圧意志を聞いて以後の石原には迷いはありませんでした。投降か、さもなくば武力鎮圧ということで石原の示した断固たる態度が事件を解決に導いたことは良く知られるところです。

事件解決後の三月一日、出勤した石原は辞表を提出し、すぐに帰宅しました。間もなく武藤から電話があり辞表を撤回するよう説得されたようです。電話のやりとりを聞いていた弟の六郎は石原が「バカなことをいうなッ、武藤君！　私は何も自分の一身をいさぎよくしようなどという気持ちなどではないのだ。この際、中央にいる課長以上のものは全部、責任をとって現役を引けというんだ」と言っているのを聞いたと書いています[12]。

この電話には両者の立場の違いがハッキリ表れています。武藤には鎮圧に良心の痛みはなかったのに対し、石原には反乱将校たちに対する同情の気持ちがあり、それが責任感の違いになっていると思われます。

## 華北分離工作中止をめぐる対決

三五年（昭和十）に軍中央に入ってからの石原は、国防力充実に専念するため、対外紛争、特に中国との紛争は極力避けることにしました。その際、特に石原が懸念したのが華北分離工作でした。この工作を続ける限り中国との戦争が不可避となる可能性があるが、ソ連の軍事的脅威に備えねばならない日本としては中国に振り向けうる兵力には限度があり、日中戦争が泥沼化することは避けられないと考えたのです。

石原は国策としてこの工作を中止することにしました。しかし肝腎かなめの関東軍がこの工作の中止に応じませんでした。何度命令しても中止しないことにたまりかね、三六年（昭和十一）十一月、石原は意を決して自ら現地説得に出向くことにしたのです。

この説得工作は石原にとって大変気の重いものでした。関東軍参謀長は板垣征四郎でしたが、参謀副長が今村均だったからです。満州事変に際して。石原は現地指導に赴いてきた今村を多くの関東軍参謀の面前で「軍中央の腰抜け」と面罵していたからです。その今村の面前で「軍中央の腰抜け」役を演じることは厚顔で恥知らずに思われることでした。それでも彼がこの工作中止説得に乗り出さざるを得なかったのは、この工作の継続が日本の命取りになることが予測されたからです。

しかし意を決して説得工作に赴いた石原は、関東軍参謀長板垣中将の官舎で、真正面から反撃を食うことになります。板垣外六名の関東軍参謀を前にして石原が軍中央の意志として工作中止に従わない関東軍の行動をなじると、反論に立ったのは武藤章でした。実は華北分離工作は、永田鉄山軍務局長の指導を受けて武藤自身が立案し国策化したものだったのです。武藤の確信にあふれた語調の激しさに石原は絶句し、この説得は失敗に終わりました。

意外なのは、翌三七年（昭和十二）三月、石原が少将に昇進し第一部長に昇格した時、武藤章を後任の作戦課長に抜擢し直属の部下としたことでした。このことは石原が武藤を自分の手許で説得・教育しようと考えたからと思われますが、それと共に、一般の軍人との思想的乖離を自覚していた石原が、むしろ武藤を積極的に思想的アンテナとして必要視した面もあったのではないかと考えられます。

## 日中戦争勃発時点での石原・武藤の対決

石原の懸念した通り、三七年（昭和十二）七月、日中戦争が勃発しました。この時点での第一部長石原と作戦課長武藤との不拡大・拡大をめぐる激突はよく知られるところですが、そうした局面は石原自身があらかじめ予想出来たことであり、石原自身が招いたとも云える事態でした。

盧溝橋事件の第一報は七月八日未明に軍中央に届きました。それに対しては、石原は、先ず部長会議を招集して、事変の不拡大と現地解決を根本方針とする意見を述べ、一同これに賛同して参謀本部首脳部の意見は概ね一致しました。これは閑院宮参謀総長の決裁を得て、この日の午後六時四十二分、田代支那駐屯軍司令官に宛てた臨命四〇〇号「事件ノ拡大ヲ防止スル為、更ニ進ンデ兵力ヲ行使スルコトヲ避クベシ」という指示になりました。ここまでの対応に問題はありません。

情勢が動いたのは十日です。この日、蔣介石が直系の中央軍を北上させるという情報を受けると、拡大派の武藤が準備していた内地師団の派兵案を、石原も参加した参謀本部の部長会議は、大した議論もなく議決してしまったのです。そのことは石原部長の「不拡大方針」を信じて派兵反対の立場を貫くつもりであった河辺虎四郎第二課長にとっては全く心外のことでした。河辺は、石原が第二課長室に入ってきたのを捉え、その不満を叩きつけました。

「部長は、私に対しては、私の課の不拡大方針の意見を全面的に容れるように言われながら、自室に帰られては、第三課の増派要請意見を大体そのまま採用されて、どんどん応急派兵や内地の動員準備を進めておられる。私には部長の真意がわからない」。

ところが、それに対して石原は謝るどころか色をなし「貴公は何を言うか、今朝からの情報を読んだか。中国中央軍が北方に向かい動いているじゃないか」と迫りました。河辺も興奮して、「それは読みましたよ。現在、日本軍の処理は、石原少将に全責任がかかっています。中国中央軍の北進は、あなたの映像だと思います。応急派兵も内地動員準備も停止されたら、その映像も消えましょう」と言うと、石原はそこにあった北支の地図を河辺の前に突きつけ、「この配置をみよ。貴公の兄貴の旅団が全滅するのをおれが見送ってよいと思うか」と叱りつけるように言いました。河辺は「全滅はしますまいよ」と言いましたが、石原はそれを聞こうともせず河辺の部屋から出て行ったといいます[13]。

確かに北支駐屯の日本軍六千に対し、中国側は第二九軍約七万五千に加えて、蒋介石直轄の中央軍四個師団約六万が北上中と聞けば、現地軍のみならず在留居留民の安全に対しても責任を有する石原が、万一の事態に備えて派兵の準備をせざるを得なかったことは同情に値します。しかし蒋介石直轄軍六万北上の情報は、河辺の言うように武藤等拡大派の誇張した情報だったのです。そのことは石原にも分かっていたと思われます。

現地での停戦協定成立を受けると、石原は実際の派兵はしないで済ませようと獅子奮迅の努力をします。その過程で石原と武藤が激論、「君がやめるか、私がやめるか」という言い争いにまでなったといいます。しかし、一旦、派兵案に同意を与えたことは最後まで響きました。軍中央での局面打開に限界を感じた石原は、軍中央のことは多田駿参謀次長に任せ、自らは関東軍への転出を願い出て、満州国の立て直しから解決を図ろうと考えたのです。そのことが結果として東條参謀長との激突を招いたことは周知のことです。

## 中部軍管区師団長会同再考

第二次近衛内閣成立直後の一九四〇年（昭和十五）七月二十八日に開かれた中部軍管区師団長会同が阿南惟幾陸軍次官による東條英機陸相と石原莞爾京都第十六師団長との和解斡旋工作であったことについては既に述べた通りです[14]。ただその際、会談内容については資料がないので分からないとしていたのですが、実はこの会談には武藤軍務局長も出席しており、会談内容にはむしろ東條より武藤の方が深く関わっていたと考えられるところからすれば、この会談も石原と武藤の関係から見た方が分かりやすいと考えられるのです。

元来、阿南次官は政治に関与することを好まず、畑俊六などは、自分の陸相時代を通じて、政治向きのことはすべて武藤軍務局長に任していると見ていました[15]。ところが米内内閣倒閣に際しては沢田参謀次長との関係から阿南が直接関わらざるを得ず、その延長線上で東條を陸相に内奏することにも関わらざるを得なくなりました。かねて東條と石原の深刻な対立に苦慮していた阿南としては、東條を陸相としたことが石原罷免に直結することは何としても避けたかったのです。阿南が東條と石原の関係修復を図ったのはそのためですが、実は、武藤ら陸軍省・部の幹部にとっても石原との関係改善は望ましいことでした。

前年十月、東方会所属代議士木村武雄を代表として発足した東亜連盟協会は、木村が選挙基盤としていた中野正剛の東方会や農民組織、石原の思想的背景であった国柱会、特にその青年組織であった精華会を背景として急速に発展していました。会員数約一万五千、機関誌『東亜連盟』の発行部数も三万に及び、府県ごとに設けられた支部も四〇年（昭和十五）暮れまでには二六支部を数え、国会でも木村の呼びかけに応じた議員が貴族院で二五名、衆議院で一七三名にのぼりました。

中国でも支那派遣軍総司令官西尾寿造と総参謀長板垣征四郎の存在が大きな役割を果たしました。特に支那派遣軍総司令部付参謀となっていた辻政信の活躍は顕著なものでした。彼は四〇年（昭和十五）四月、「派遣軍将兵に告ぐ」を書いて日本軍将兵に、中国に於ける行動に反省を求めたのでした。さらに七月、第二次近衛内閣の組閣にあたっては、新体制の政綱に東亜連盟の綱領を受け入れさせるべく上京し、陸軍省・部を説いて回りました。支那派遣軍のこうした姿勢は中国側にも大きな影響を与えたと思われます。

四〇年五月には北京で新民会副会長であった繆斌が中国東亜連盟協会を発足させたのに続き、九月には広東で林汝衍省政府教育庁長が中華東亜連盟協会を発足、さらに十一月には周学昌国民党中央党部副秘書長が東亜連盟中国同志会を発足させました。こうした動きの中で、十二月には武漢共和党と中国大民会と興亜建国運動本部という従来、日中和平運動を担ってきた中国三団体が解散して汪精衛の国民党に合流し東亜連盟結成を目指すことになりました。

このような東亜連盟協会の急速な発展は、武藤軍務局長等、当時の陸軍省・部の幹部にとっても魅力的な面がありました。開戦直後には拡大派であった彼らにしても泥沼化した日中戦争からは一日も早く抜け出したかったのです。

彼らが第二次近衛内閣を演出する段階で構想していた「総合国策十年計画」には、やがて東条内閣で実現することになる大東亜共栄圏の基になる大東亜新秩序構想が含まれており、彼らは東亜連盟運動をこの構想に取り込みたいと考えていたからです。したがって、阿南次官が東條と石原との和解を望み、和解斡旋の場として中部軍管区師団長会同という舞台を用意した時、その会場に武藤が列席したのは決しておざなりに阿南の気持ちに付き合ったに留まらず、むしろ武藤自身に積極的に石原との和解を望む気持ちがあったと思われます[16]。

　しかしこのような両者（東條・石原及び石原・武藤）の和解条件は、あくまで石原の徹底した民族協和の本音をオブラートに包んだ上で成り立っていたのです。そのことを最も端的にしめしているのが宮崎正義から石原に宛てた四〇年（昭和十五）七月二十六日付の書簡です。

> 新内閣も一応成立し近衛公も今度は相当成算あるらしく、布石見るべきものあるが如きも果たして何程の事を期待し得るか、……さて、閣下の提案せられたる「国内における民族問題」、特に朝鮮人問題に対する連盟協会の態度は、前回の中央参与会議に於いて、諸般の事情上、暫く研究のため留保したる次第なるはご承知の通りにこれあり候。これに対して閣下がご不満なるべき事は各員十分自覚しおり、速やかに閣下のご方針に添いたしと衷心より希望し居る次第に御座候。しかるところ、小生に関して云えば、なお、若干の疑問を抱きおり、これを率直に閣下に申し上げご教示を仰ぎたく切望いたしおり候
>
> 一、東亜連盟の国策への推進運動は、なお一段の努力を要し、中央の情勢未だ楽観を許さず、この際、紛糾を生じやすき鮮人問題は暫らく触れざるを可とせずや
>
> 先般、辻少佐の上京により陸軍の省、部は趣旨には一応賛成の旨、回答したるも、同氏のもたらしたる政治機構は意外に不評判にて、東亜連盟がかかるものならば反対なりとの気配相当に強きよう見受けられ候
>
> 参謀本部側の語るところによれば、省部の東亜

連盟に対する態度はなお六分四分位の煮え切らざるものありとの事にて、新陸相の登場により問題は尚くすぶる恐れなしとせず、例え、原則としてこれを取り入れるにしても必ずしも安堵し得ず、尚一段の努力を要するよう考え申し候この時にあたり連盟協会が朝鮮人問題に対し総督府の政治に批判を試み、独立運動者を先覚者の如く取り扱い、其の転向者等と結合せんとする動きを見せる場合には、協会出入りの鮮人の行動に不審の点あり等の理由により官憲が協会に手入れを行い、一方、連盟協会が不逞鮮人と連絡あるが如きデマを流布し協会を傷つけ東亜連盟の運動を阻止せんとする企図行われずと断言し得ず候

右は単なる小生の憶測なるが、かかる示唆を与えたる者はあり。更に総督府、内務省、警視庁等は共に異口同音に連盟協会がこの際、鮮人問題を取り扱わざるよう極力希望しおり、協会側の考慮を促しおり候。小生は暫く鮮人問題を見送るを賢明とする者にこれあり候。

二、朝鮮人問題は重要なるも台湾本島人七百五十万人の問題も同程度に重要にして、殊に後者が支那人なる関係上、問題は更に複雑なり。過去及び現在の両総督府の施政を批判する場合には、協会員は更に統治の内容につき徹底的に研究する要ありと愚考す……

三、朝鮮政治当局は日鮮両民族の宥和政策は既に昨日の政策に属し、現在は日鮮一如、一体の段階にありと称し、三十年の統治の歴史性を強調し、満州及び支那に於ける新たなる民族問題と同視するを許さずとの見解を強調致しおれり……[17]

この書簡で宮崎は専ら朝鮮人問題の見送りを主張しているのですが、石原が東亜連盟協会に朝鮮人問題の再検討を要求しているのは、この問題を解決す

ることなくては東亜連盟の主張する「政治ノ独立」は到底実現できないと考えたからです。中国では派遣軍の姿勢が東亜連盟の拡大を許しているものの満州国や朝鮮では東亜連盟は弾圧されており、そのことは東亜連盟の主張する「民族協和」があくまで表面的なものに留まり、本物にはなれないからです。

朝鮮で「政治ノ独立」を実行した場合、日本との「国防ノ共同」が成り立つためには、朝鮮人の大多数が心底から日本の政治的支配に満足していることが必要ですが、それには完全な民族平等に基づく民族協和が不可欠です。しかし当時の朝鮮総督府の朝鮮支配の実態はあくまで日本の武力と警察力に依存した差別支配でした。石原はこの差別支配を改めない限り、いくら日本が中国で「政治ノ独立」を訴えてもそれは実践できないし、実践するつもりもないことを自ら宣言しているようなものだと考えたのです。

宮崎の書簡に対して石原は「これは自分と同信者に対してのみ言うべき事にして云々」と返事したといいますが[18]、石原の言う「同信者」が日蓮主義者を意味するとすれば東亜連盟協会の中でもごく限られることになります。東亜連盟協会の内部ですら論じられないということになれば、この問題を協会以外で論じることなどは論外ということになります。この段階では石原も朝鮮問題の性急な解決はあきらめざるを得なかったのです。これが石原の立場を不徹底なものとしたことは争えないことだろうと思われます。

阿南次官が東條と石原の和解を試みた中部軍管区会同は何らの具体的成果ももたらさず、翌年一月には東亜連盟は政府から弾圧の対象とされ、三月には石原自身も予備役に編入されました。ただし弾圧のやりかたは極めて微温的で曖昧なものでした。東亜連盟の組織も解散ではなく、大政翼賛会傘下の大日本興亜同盟への統合を求めるという生ぬるいものでした。その統合すら結局は見送られ、組織は名称を東亜連盟同志会に改めただけで存続が認められました。

## 『戦争史大観』絶版をめぐる経緯

石原が初めて『世界最終戦論』を出版したのは一九四〇年（昭和十五）のことでした。初めて最終戦争論を発表したのが二五年（大正十四）であったことからすれば、出版に至るまでの期間が長すぎるようにも思われるのですが、これだけ体系だった思想を成熟させるにはそれだけの時間が必要であったとも思われます。その核心的部分については、同信者や陸大の学生、一夕会、関東軍参謀達の前で語ったことはあるのですが、それらは理解を得られそうな相手を選んだ席での話でした。この思想を世間一般に誤解のないように語ることは、石原にとってもかなりの準備が必要だったのです。

彼は四〇年（昭和十五）五月二十九日にこれを京都義方会で「人類ノ前史終ラントス」というテーマで語り、それを立命館の田中直吉教授が筆記・整理したものが『世界最終戦論』として立命館出版部から出版されました。これは評判を呼び、改訂版が九月に出版されたのを皮切りに、版を重ねること何と八十版に及んだといいます。その後、石原は『東亜連盟』誌に発表したものを次々に刊行することになります。誤解を恐れるより、崖っぷちにある祖国の危急を救わねばならぬ切望からでしょう。

翌年、東條陸相は石原を予備役に編入するとともに、東亜連盟にも弾圧を加えましたが、石原の出版物にも発禁・絶版の圧力をかけてきました。これに抵抗する一環として、石原は東條陸相に抗議するとともに武藤軍務局長等に対して期待するところがありましたが、武藤からは「小生、関知つかまつり候節は既に内務省と憲兵とにて処置済みの後にて」と逃げ口上を吐いただけでした。武藤は遂に石原の思想を理解するには至らなかったのです。

## おわりに

　第二次近衛内閣の出発にあたって、東條新陸相と石原師団長の和解を望んだ阿南次官に頼まれて、石原にその和解斡旋を受け入れるよう手紙を書いたのは岩畔豪雄軍事課長でした。その手紙の中で彼は「この度、東條将軍出馬に当り我等一同、同将軍に望む所一点、即ち石原閣下と握手なさること、これなりとて、既に意見を具申致しおき申し候　この点、次官、武藤各閣下、及び渡部富士雄君等も悉く同感にて、尚、武藤、小生は石原閣下と田中新一将軍との提携をも引き続き試むべく存じおり候[19]」と述べていました。

　残念ながら、東條と石原の和解は成立せず、岩畔がこの手紙で述べていた田中らとの和解にも至りませんでした。後年、岩畔は石原のことを次の様に評価しています。

> 石原という人は、これは陸軍においては、非難もあったかも知れないが、あれ以上の人はおらんですよ。あれは山県以来の人物だと思いますね。とにかく識見が高い。しかし、この人の欠点がまたあるんだね。これは人間が使えないのだ。あんないい頭の人が、これが有能か無能かの識別がつかないのです、そこに一つのキズがあった。

「有能か無能かの識別がつかない」という評価は別として、「人間が使えない」人だという批評が石原と武藤との関係を念頭に置いていることは間違いありません。それは角田順が石原の欠点として指摘していた、物事を達成する「執拗さと図太さ」に欠けていたという指摘と重なるところがあるように思われます。しかし本論で見てきたように、一見、表面的にそのように見えるところも、実は石原と一般の陸軍軍人との間に横たわる思想的開きの大きさに起因するものであったろうというのが私の結論です。その開きが何時、どのようにして生まれたかは石原の生涯を丹念に見てゆかないと分かりませんが、決定的だったのは日露戦争とロシア革命と満州事変における体験であり、それらは陸軍軍人であれば共通の体験のように思われてさに非ず、歴史的事件の受け止め方は、その事件が起こった時に置かれていた立場と歴史的背景に対する理解度によって全く異なるのです。

石原の場合、他の軍人達の認識と決定的に違ってくるのは満州事変での「民族協和」体験でしょう。過大評価は禁物にしても、対処を間違えなければ、「民族協和」には「侵略」を「解放」に、「敵」を「味方」に変える力があります。石原がそのことを容易に理解出来たのは、彼が「最終戦争論」に基づく人類史に対する遠大な見通しを持っていたことによるものでしょう。しかしこの「民族協和」理念に基づいて満州国を独立した植民地にしたことは、石原と多くの日本人、特に朝鮮総督府統治になじんだ多くの陸軍軍人達との間に乗り越えがたい溝を造りました。

非合理の世界を容認する宗教は、思想的障壁を乗り越える手段としては有効なものです。石原が日蓮主義に入信したのは、田中智学の創始したこの宗教思想が、日露戦争以後、危機的状況にあった日本の政治経済状況と、まさにそれ故、危機的であった思想状況に対応する思想として最も有効であると信じたからです。しかし、それだけに入信の障壁も高いのです。石原は武藤の折伏に失敗しました。武藤には石原ほどの危機意識がなかったからでしょう。

華北分離工作中止を巡る武藤との対決に石原が敗れたのは、武藤が華北分離工作の立案者だったことによるところが大きいと思われますが、石原はそのことで逆に武藤の一般軍人の思想的次元を代弁出来る能力を過大評価した趣があります。彼は武藤を作戦課長に抜擢しただけでなく、日中戦争勃発にあたっても武藤に対して強く出ることが出来ませんでした。それに対して武藤の方は、遂に石原の遠大な見通しを理解出来ませんでした。

中部軍管区師団長会同という東條・石原和解斡旋の場面も、その中身は石原と武藤の対決の場であった可能性が強いのですが、石原はここでも武藤に対して強く出ることは出来なかったと思われます。石原の東亜聯盟が主張する「政治ノ独立」を理解させるには、明治天皇の遺産である朝鮮や台湾の総督政治の克復が必要だったからです。

**註**

（1）拙編著『東亜連盟期の石原莞爾資料』（同成社、二〇〇七年）六五九～六六一頁
（2）川田稔『昭和陸軍全史2』講談社、二〇一四年など川田氏の作品では武藤章の存在がかなり重視されています。
（3）この書簡は『石原莞爾選集2』（たまいらぼ、昭和六〇年）一〇四頁にはいっていますが、この『選集2』は編集が杜撰で、この大正十三年五月二九日付の書簡も、大正十二年の中に紛れ込んでいます。
（4）同前、二三九頁
（5）上法快男編『軍務局長武藤章回想録』（芙蓉書房、一九八一）三～四頁
（6）川田稔『昭和陸軍全史』1、二〇八頁
（7）永田鉄山などは昭和七年八月段階で「満州は逐次領土となす方針」として石原の独立論に反対したという。前掲『石原莞爾資料』一〇七頁
（8）黒川雄三『近代日本の軍事戦略概史』芙蓉書房、二〇〇三年、一八～一九頁
（9）昭和四年七月の「戦争史大観」で石原は「露国の崩壊は天与の好機なり」と言っていました。前掲角田『石原莞爾資料』三八頁
（10）私はこれまでこの省部首脳会議は、『戦史叢書大本営陸軍部1』の記述に従って六月としてきましたが、川田稔『昭和陸軍全史2』により訂正。
（11）「戦争史大観」（前掲角田『石原莞爾資料―国防論策』三八～三九頁）
（12）角田順、前掲書、二〇八頁
（13）拙著『毅然たる孤独』（同成社、二〇一二年）二二八～二二九頁

(14) 同前、三〇五〜三〇九頁
(15) 前掲『東亜連盟期の石原莞爾資料』、六五九頁
(16) この会談の案内状には武藤が東條との和解のみならず、田中新一との和解斡旋を考えていると書いています。武藤の積極的気持ちの表れだろうと思われます。同前、十一頁
(17) 同前、十二〜十三頁
(18) 同前、四五頁、昭和十六年四月三日付石原宛宮崎書簡
(19) 同前、十一頁

# 第三節 「精華会」と石原莞爾

## 石原莞爾を宗教面から見直す必要性について

最近、石原莞爾がようやく宗教面からも見直されようとしています[1]。生前、公然と仏教信者を名乗っていたことからすれば奇異なことともいえるのですが、同時に、石原には何より科学を尊重する姿勢があり、そのため彼の事績は、大筋に於いて宗教抜きに語ることも可能なことから、解釈の難しい宗教面は意図して避けられてきたと思われます[2]。しかし厳密に考えれば、石原の行動には日蓮主義者であることを抜きにしては語れない所があり、彼を宗教的側面から見直そうという最近の動向は適切であるばかりか必要なことでもあると考えられます[3]。

そうした流れの一つと思われますが、内村琢也氏が東亜連盟運動を宗教運動として捉え、平成二十三年度に創価大学から学位を授与されました。同氏が論文の冒頭部分に「精華会の成立と展開」なる項目を設け、東亜連盟運動における「精華会」の意義を評価されたことは石原莞爾研究としては画期的なことです。改めて石原を宗教の側面から見直さねばと考えるのはこの論文に触発されたからです。

## 杉浦晴男の役割について

ご承知の通り、東亜連盟は石原が日中和平のために一九三八年(昭和十三)九月に提唱し、翌年十月、中野正剛の率いる東方会に所属する代議士、木村武雄によって東亜連盟協会という形で発足しました。注目されるのはこの運動における杉浦晴男の役割です。東亜連盟運動においては、石原のエピゴーネンともいえる杉浦の役割は紛れようもない事実ですが、[4]「精華会」が東亜連盟運動の前奏曲だとすれば、「精華会」においても、杉浦の背後には石原の存在が読み取れる筈だというのが私の推論です。

ご存じの通り杉浦を石原莞爾に紹介したのは石原の親友、南部襄吉でした。杉浦は南部が独乙協会中学の配属将校だった時の教え子で、その後、南部は歩兵第五七連隊に所属替えとなり、杉浦も旧制一高に入学して、両者の直接的な関係は切れていたのですが、杉浦の左傾化を懸念した周囲が、中学時代に人格的影響力の強かった南部に指導を求めたのです。そこで南部は、満州事変で一躍、時の人となっていた石原に会ってみるよう杉浦に薦め、杉浦はそれを受けて、一九三二年（昭和七）七月、当時、奉天の東拓ビルにあった関東軍司令部に石原を訪ね初めて会ったのです。この時、杉浦が受けた衝撃が如何に強烈なものであったかは推して測るべきです。満州事変が一応成功裏に満州建国の緒についた頃で、その中心にあった石原の勢威は並びなく、左傾しかかっていただけに杉浦の受けた思想的衝撃は深刻だったと思われます。帰国後、杉浦は石原が信奉していた田中智学の国柱会に入信したばかりでなく、一高、東大在学中も、その青年部の中核としての「精華会」活動を担うことになるのです。

従来、私は、そのことを単に杉浦が国柱会に入信したということだけで受け止めていたのですが、「精華会」の発足が杉浦の国柱会入信後、さほどの日時を経ずに起こっていることを考えると、改めて「精華会」発足における杉浦の役割を考えざるを得ないし、となると、その背後に石原の意思が働いているとみないわけにはいかないと考えるに到りました。

従来も、杉浦が石原陣営の中で最も有力な理論的指導者であったことは認められていましたが、「精華会」についてはほとんど問題にされていませんでした。これには考えられる理由が三つあります。第一には、石原同様、杉浦の信仰にも合理性重視の立場が貫かれており、従って彼の行動は宗教的側面抜きに語ることが可能なのです。第二には、国柱会も、特に精華会の場合には、中心で活動した人物に国柱会の二世（にせ）、特に重立ち（おもだち）といわれる人々の子弟が多く、昭和七年後半段階に入信した杉浦のような人間の存在は軽く見られたということです。第三には、戦後、特に一九四六年（昭和二一）七月以降は、杉浦は明らかに石原陣営から離脱したばかりか、意識的に距離を置いたと見られ[5]、したがって東亜連盟運動についてはその活躍を認めざるを得ないとしても、「精華会」活動などは見落とされてきたということでしょう。だが石原莞爾を宗教的側面から見直す上では、杉浦問題ほど適切な例はないといえるのです。

## 石原莞爾と民族協和問題

実は石原莞爾には、満州国建国段階で、眼前に左傾しかけた有為な青年が現れた時、働きかけずにはいられない切実な問題が起こっていました。それは、満州事変を引き起こす段階には予想しなかった新たな困難でした。民族問題です。

歴史的に島国に孤立して生きてきた日本人が初めて民族問題に直面したのは日清戦争後の台湾領有からでしょうが、この段階には問題はまだあくまで国内的な対処ですみました。国際的な反響を気にしなければならなくなったのは日露戦後の朝鮮支配からです。それも、特に、第一次大戦後、朝鮮に於ける三・一万歳事件と中国に於ける五・四運動を受けてからでした。しかしこの段階でも、日本が帝国主義という枠内で行動している限り、最終的には帝国主義諸国の支持を期待できました。

問題は満州事変の革命的性格です。石原は満州事変を起こすことで自ら帝国主義としての枠組みから飛び出し、帝国主義国家としての協調態勢を破壊してしまったのです。当初、国際協調路線に踏みとどまろうとした日本政府は、石原の主導する関東軍の行動を認めませんでした。そのため本国の協力が得られなくなった時、石原は土着の民族主義との協力による満州国の建国に踏み切りました。言ってみれば石原はここで満州における「アラビヤのロレンス」になったのです[6]。石原が本物のロレンスと違ったのは、彼が満州国の建国を実現してしまったことです。その後、日本政府は政変によって国家としても満州国の形式的独立を承認する方向に舵を切りましたが、石原が土着の民族主義との間に約束した満州国の実質的独立を保障するには到りませんでした。その結果、石原は満州建国の功労者という権威と責任を背負って、日本政府や、関東軍に民族協和の実現を要求することになりました。

## 日本人と民族協和問題

その段階で日本人は初めて本格的に民族問題に直面することになったのです。従来も日本人が民族問題を意識したことはありました。しかしそれはあくまで不平等条約撤廃問題とか、アメリカ合衆国の移民問題をめぐる被害者意識に過ぎませんでした。日本人が、加害者側として、しかも単独で民族問題に直面せざるを得なくなったのは満州国が初めてであったのです。そのことの自覚が「満州国協和会」を生み出させたのですが、石原はここで大きな壁にぶつかりました。

日本人に民族問題を理解させることの困難でした。無理もありません。当時は明治維新から半世紀余り、まだ国内に於ける地域的差別意識が払拭されていませんでした。薩長藩閥に対する反発が昭和維新の原動力であった時代です。従来の台湾・朝鮮統治でとってきた同和政策とも矛盾することでした。

いきなり言語や風習も違う異民族との協和を持ち出されても国民的合意を形成することは極めて困難な課題でした。

## 民族問題と左翼思想と日蓮主義

一九一七年のロシア革命以来、インターナショナルといえばマルキシズムを標榜したソ連の代名詞でした。ですから思想的には危険視されながらも、民族主義に本格的に対峙できるのはマルキシズムと考えられた面もあったのです。思想的には日蓮主義という安全弁を持った石原がマルキシズムに理解を持つ左傾化した青年を喉から手が出るほど渇望したのはそのためでした。石原の許に多くの左翼青年が集まったのはそのためです。

一面、マルキシズムに理解をもつ危険な青年達には思想的な安全弁を与える必要がありましたが、それには仏教としての普遍性と「立正安国」のナショナリズムという二面性を持つ日蓮主義ほど適切なものはありませんでした。左傾化した有為な青年を眼前にしたとき、石原に折伏の焔が燃えあがったのは自然の勢いでした。

## 国柱会改革の必要性

それだけではありません。石原は、この段階で、日蓮主義の依って立つ国柱会すら改革する必要性を痛感していたのです。というのは国柱会の創始者である田中智学も、民族問題については極めて保守的な考えしか持っていなかったからです。石原は、この直前に智学から「大日本帝国満州」という表記の激励書簡を受け取ったばかりでした。智学が満州国を独立国と認めていないことは明らかでした。石原は杉浦という左翼がかった有為な青年に、単に国柱会に入るばかりでなく、その改革をも期待しなければならなかったのです。少なくとも、杉浦の帰国後の行動は見事に石原の期待に答えるものでした。

ただ、このような推論に、私自身、全く懸念がないわけではありません。ご承知の通り杉浦に会った翌月には石原自身、帰国を命じられ、引き続き国際連盟帝国代表随員としてジュネーブ行きを命じられることになるのですが、明らかに満州建国過程からの石原外しとも思われるこの人事に対する石原の対応には、上述の推論からは納得のいきかねるところがないではありません。民族問題に関するそれだけの懸念があるのなら、当然、満州国に留任するための努力が必要だったと考えられます。特に、この時の陸軍省人事局補任課長が磯谷廉介であり、石原を満州に残す必要性についてもある程度理解があったと考えると[7]、このとき本気で石原が残ろうと考えれば残ることも不可能ではなかったと思われます。しかし保身とか自己の地位とかに関しては極端なまでに淡泊なことも石原の身上でした。

## 「精華会」創設における杉浦の指導力

ジュネーブから帰国後の二年間、石原は仙台の第四連隊で名連隊長の名をほしいままにし、一九三五年（昭和一〇）八月には、軍中央に石原を迎えようという若手軍官僚の要望黙しがたく、終に参謀本部の第一課長という顕職につくことになります。

一方、杉浦は三四年（昭和九）三月に一高を卒業し、東大法学部に進学するのですが、既に一高在学中に「精華会」の前身である「緑声会」の中核メンバーとなっています。この組織は、機関誌として『緑陣』を発刊しているのですが、「緑声会」といい、『緑陣』といい、「緑」を名乗るのは、共産主義が「赤」で、無政府主義が「黒」、右翼のテロを「白色」というのに対抗する意味があったようです[8]。しかも東京中心の組織に過ぎなかったこの「緑声会」を、一挙に全国組織にするには田中智学の力を借りる以外ありませんでした。当時、富士山下原田の鑑石園に静養中であった田中智学に請願するにあたって、杉浦は代表四人の一人となっています。この請願に智学は「青年達が自分からこういう企てをしたのは空前のことである」と大いに喜び、「精華会」という名前を与えることになるのですが、こうした場合、智学はただ受け身にそれを承認することはありませんでした。発足に当たっては一大イベントを企画しろという注文を出しています。これに応えて杉浦等は三四年十一月十一日、日蓮聖人小松原法難の聖日を選んで九段の軍人会館において昼夜にわたる盛大な「発会式大会」を挙行しますが、この時、杉浦は、昼の部においては、冒頭に「経過報告」を行い、夜の部においても、「安世安国為忠為孝」という冒頭演説を行っています。「精華会」発足に於ける杉浦のリーダーシップは明らかでしょう。

このような「精華会」創出過程に於ける杉浦の活躍は、石原の期待を上回るほどのものであったといえます。これは、自らが一高、東大というエリートコースを歩みながら、しかも左翼の目を持って社会を眺めていた杉浦にとって、陸軍大学校というエリートコースを歩みながら、民族協和という国際的革命路線に従って、国内的には独力に近い強引さで満州国を創出した石原莞爾という人物像が、宗教的秘蹟としか説明できない感激を生み出していた結果といえます。杉浦はみずからの感激によって、田中智学の肉体的衰えとともに衰退期に入っていたともいえる国柱会に活を入れ、「精華会」として蘇らせたのです。

杉浦が東大に在籍した三四年（昭和九）から三七年（昭和十二）三月までの間、石原は参謀本部の作戦課長から第一部長という顕職に就きながら、しかもなお「昭和維新」を目指し、特に二・二六事件後の広田弘毅内閣期には、日満財政経済研究所に作成させた「日満産業五カ年計画」を政府に突きつけ、計画経済による革命的な日本改造に乗り出していきます。かつて左翼であった杉浦にとってこれほど魅力的な人物像が他にあり得るでしょうか。彼が石原の存在に今「日蓮」の奇跡をみる思いであったことが痛いほど分かります。

その石原が、林銑十郎内閣組閣過程で板垣陸相案の実現につまずいたとしても、表面的には陸軍少将に昇進し、参謀本部第一部長代理から正式に部長となっています。この段階での昇進は、革命的施策を進めて行く上では、むしろ妨げになる面もあったのですが、杉浦のような石原渇仰者にとってはやはり今「日蓮」顕現の証しのようにも見えたのです。その後、杉浦は石原を小泉菊枝に紹介するにあたって「石原さんは少将になられたのですよ。異例に早い昇進なのです。もう石原さんと呼ぶわけにはいきません。閣下と呼ぶことにしました[9]」と言っています。

## 日中戦争拡大阻止のために

三七年（昭和十二）六月に近衛文麿内閣が成立したことは石原の「日満産業五カ年計画」にとっては極めて好都合なことであったと思われますが、好事魔多しということわざ通り七月には日中戦争が始まります。石原がこの戦争に反対であったことはよく知られていますが、参謀本部第一部長として戦争を抑止するには最もよい地位にいながら、しかも彼ほどの人間が戦争の拡大を防ぐことが出来なかったことは歴史を考える上で余程よく考えてみなければならないことだと思います。

石原はこの最も重要な時期に、わざわざその貴重な時間を割いて武蔵境にある里見岸雄の研究所を訪ね二時間あまりも懇談したといいます。この懇談の中で石原は「近衛は馬鹿であります。この不幸な事変は、責任者たる近衛首相が即刻自ら飛行機で南京に飛び、蔣介石主席に会見し、双方誠意を以てお互いの誠心を話し合えば忽ち解決します。両者の間に邪魔者が居って解決を困難にしているのです。近衛首相には私から電話でこのことを申し入れて、私もお供をするから行かれてはどうかと言いましたが、近衛首相はそんな夢のようなことは出来ませんと断りました。近衛首相の優柔不断のために事変解決の絶好の機会を逸したのは残念です」と痛憤していたといいます[10]。この石原の発言内容は、里見と石原の対談に立ち会った里見の弟子の岡本永治の記述に従ったものですが、実際の石原の言葉は近衛に対してもっと辛辣だったようです。里見自身の記録によると「肺病あがりの死に損ない奴が言うことを聞かないで困りました」というような言い方で、「下手をするとこの事変は日本の命取りになります」と予言したといいます[11]。

この時期、石原に暇つぶしの時間などあるはずもありません。彼が参謀本部における激務の寸時を盗んでわざわざ武蔵境の里見研究所を訪ねたのは、この時、石原が戦争拡大派の跳梁に困り、わけても石原自身がその思想的基盤としている田中智学の国柱会が戦争鼓吹勢力となっていることに困り果て、里見を通じて石原の立場を理解させようとしたのだと思われます。国柱会といってもこの組織は田中智学の意向一つで向背がきまるので、要は智学の理解にかかっていたのですが、この段階には智学は老衰が進み、到底、石原の立場を理解できる状態にはなかったのです。石原が杉浦を通じて「精華会」を作らせたのも、実は満州事変以来、石原の立場が田中智学の国柱会と離れてしまったことに対する手当であったと考えられます。

## 関東軍参謀副長としての活動と「精華会」への期待

早急には日中戦争の拡大を阻止できないとなった三七年（昭和十二）九月二七日付で石原は関東軍参謀副長に転出がきまります。この時の参謀次長が石原と同腹の多田駿であり、陸軍省人事局長が阿南惟幾であることを考えると、この人事が石原の左遷であるはずはありません。この時、石原はソ連との衝突の危険性を恐れ、あえて自らをその危地に投じたのでしょう。しかも日中戦争反対で左遷されたという風聞をたてることで、自己の日中戦争不拡大の意思表示を狙ったのかも知れません。

この石原の満州赴任に杉浦は同行しています。石原警護のため精華会同志の人々から選ばれたというようなことを言っていますが、杉浦自身の希望であったと思われます。それからほぼ十ヶ月の新京（現在の長春）滞在中、当初の石原の主要な関心はソ満国境の緊張緩和に注がれていたと思われますが、石原に対する土着の民族主義者たちの期待からいってそれが次第に関東軍司令官の満州国内面指導撤回問題のような政治問題に関わらざるを得なくなるのは満州国建国の親とも云われる石原に対する土着の民族主義者たちの期待からいってやむを得ぬことであったと思われます。

この時、石原が背負うことになった民族主義的要求は、満州国官吏の給与格差と日本農業移民による中国農民の既墾地収奪の是正という深刻な民族対立問題を抱えていましたから、石原はほとんど単独で満州国の改造要求を代弁することになったのです。石原の要求は、明治以来、日本が台湾や朝鮮で行ってきた同和政策をも否定する側面を持っていましたから、日本政府から派遣されてきた日本人官僚たちに受け入れられるはずもなく、そうなれば、軍隊という天皇の統帥権を振りかざした序列社会の中では異端となる以外ありませんでした。石原は、給与格差の是正や内面指導権の撤廃要求に敗れたとき、もはや軍隊にとどまる意味を見いだせず、退役して本格的に日本の改造運動に乗り出すことを決意せざるを得なかったのです。

杉浦が石原について満州に行ってしまうと「精華会」は活動が鈍ったようです。新京滞在中、石原は父啓介の葬儀のため一時帰国していますが、その時、弔問に訪れた「精華会」の連中とのエピソードが図らずも石原の「精華会」に対する期待の何たるかを物語っています。「精華会」幹部であった保坂富士夫の回顧談を聞いてみましょう。

石原将軍の御尊父が亡くなられたのは昭和十三年（一九三八）の一月であった。亡くなられた日の翌日の夜、われわれ精華会の同志数名は幹事長役の安中正信氏を先頭に立てて、お通夜の弔問に参上した。（中略）

やがて座敷に入ってこられた将軍に、一同型の如く弔問の言葉を申し上げると、開口一番、

「おやじはいい時に亡くなりました。息子が引っくくられる憂目を見ずに済んだのですから……」と言われた。当時の将軍の立場と心境が痛いほど察しられ、ひととき座はシーンとなった。

しばし雑談のあと、将軍は引きしまった顔付きになって、「ときに安中さん」と一同を見廻しながら、「大聖人の御遺文に、強きを恐れ、弱きをおどす、これ畜生の心なり、とありますねえ。いま日本は、米英と見れば大阪商人のようにモミ手をしてヘイコラし、支那に対してはチャンコロと言って、いじめている。これは国の大謗法です。これを呵責せずして法華信者の面目はどこにありますか。私が満州から帰ってみたら、国柱会はもう二百名ぐらい引っ張られて、ぶち込まれているかとおもったら、一人もありませんねえ」

ピシリッと一大痛撃を受けた一同は、返す言葉もなく、将軍のきびしい面持ちの前に、思わず面をふせた。[12]

石原は精華会に反戦活動を期待していたのです。田中智学の国柱会には到底期待できないことでした。

関東軍司令官に予備役編入願を出して帰国した石原が茨城県大洗海岸で、遙か太平洋の彼方にアメリカ合衆国を望む気概で書いたのが「昭和維新方略」でした。その骨格が東亜連盟であったことは改めて申し上げるまでもないことです。「昭和維新論」は

杉浦晴男の名前で発表され、以後、東亜連盟は杉浦を石原の分身として発展しますが、東亜連盟協会（同志会）が政府の弾圧に遭ったときは、常に「精華会」がその分身として活動の一翼を担うのは成立の経緯からすれば当然の結果でした。

## おわりに

以上に見てきたとおり、「精華会」は石原が民族協和思想普及と国柱会改革のために杉浦に創らせたものでしたから、国柱会の組織でありながら、むしろ石原の組織として石原の意向に従って活動したのです。三九年（昭和十九）に田中智学がなくなった時、国柱会は大分裂騒動を起こしますが、それには石原が国柱会に持ち込んだ「五五百歳二重説」のような理論の受容を巡っての争いも関係していると思われます。そのことを含めて、分裂の根っこに「精華会」のような石原による国柱会改革の動きがあったことは間違いないでしょう。このことが「精華会」創設に直接かかわった杉浦の信仰的基盤を揺るがせたことは想像に難くありません。

それでも満州国が存在している限り、その存在をささえる民族協和思想の必要性はあったのですが、敗戦によって満州国が消えてしまい、また海外領土も失われて民族協和の直接的な政治的基盤が失われた時、「精華会」や東亜連盟運動にその青春を捧げた杉浦晴男に限りない虚脱感が襲ったであろうことも疑いありません。彼が人生の最も貴重ともいえる時期をその虚脱感で振り返ることを頑なに拒んだのも頷けないことではありません。

### 註

（1）　中島岳志「石原莞爾戦場から妻への手紙」（『文芸春秋』二〇一四年八月号所載）が、石原の戦略はすべて「日蓮主義」を世に広めるために行われていたと言っていることなどその例です。

（2）　入江昭『日本の外交』中公新書。一九六六は「一個人の宗教と戦略論がそう簡単な関係があるわけもなく」といい、五百旗頭真「石原莞爾における日蓮宗教」（『政経論叢』一九七〇年二月号）は「石原の政治的軍事的諸活動を、彼の日蓮信仰とは無関係に説明することは、もとより可能」と述べています。

（3）イスラム圏における最近の政治動向などに限らず、日本においても仏教勢力、わけても創価学会などは現実の政治勢力として宗教の力の極めて大きいことを示しています。

（4）今日では「昭和維新論」をはじめ杉浦晴男の名義で発表された東亜連盟論が石原莞爾のものであることは周知のことです。

（5）一九四六年（昭和二一）七月以降、杉浦の消息は石原莞爾の周辺から殆ど消え去ります。一度だけ、四八年（昭和二三）四月十五日の石原日記に名前が見えますが、それが何を意味するかは不明です。杉浦は、その後は五百旗頭真氏などのような研究者にたいしても頑なに石原莞爾に関する取材を拒否しています。

（6）第一次大戦中、イギリスはトルコ軍攻略のためにアラブ民族の民族主義を利用しました。その謀略の中心になったのがロレンスでした。中野好夫『アラビヤのロレンス』（岩波新書）

（7）拙著『毅然たる孤独』同成社、二〇一二年、一五八頁

（8）柳田捷磨「精華会の成立と使命（上）」（『王道文化』二七二号、昭和二四年一月）

（9）白土菊枝『将軍石原莞爾』丸ノ内出版、平成七年、九六頁

（10）岡本永治「予言」（『石原莞爾研究』精華会中央事務所、昭和二五年、八三頁）

（11）里見岸雄『闘魂風雪七十年』錦正社、昭和四〇年、三七九頁

（12）保坂喜美『誇り高き哲人』創元社、平成元年、二一六〜二一七頁

# 第二章　石原莞爾と太平洋戦争

# 第一節　石原莞爾と太平洋戦争

## はじめに（太平洋戦争に到るまで）

石原莞爾の予言した最終戦争と現実に日本が戦うことになった太平洋戦争ほど似て非なるものはありません。この戦争が勃発した翌一九四二年（昭和十七）正月三日、石原は、日蓮の聖地・房州小湊での講演で、「到頭大東亜戦争（太平洋戦争にたいする当時の日本側の公称）になりました。これは最終戦争ではありません。最終戦争は徹底したる決戦であるべきに、今度の大東亜戦争は持久戦争でありますす。最終戦争では断じてあり得ません」と言いましたが、この言葉には日中戦争勃発以来の和平努力が遂に水泡に帰したことへの苛立ちと共に、彼が確信をもって予言した「最終戦争」を遂に国民に説得できなかったことに対する無念があります。当時の日本の世論と石原との思想的なへだたりの基になったのは「最終戦争論」でした。

そもそも石原の「最終戦争論」は、彼が第一次大戦終結から間もない一九二二〜二四年（大正十一〜十三）に敗戦国ドイツに駐在武官として留学し、敗戦原因に関するドイツ参謀本部とデルブリュック教授との論争を聞きながら組み立てた予言的戦争論でした。ですから最終戦争論と戦争史大観は壮大な人類の戦争史の要約であると共に、未来に対するかなり正確な予言となったのです。

先ず戦争史の分野においては、決戦・持久という二つの戦争性質が歴史的に交互に現れることを発見し、その代表的事例としてフリードリッヒ大王とナポレオンの戦略を研究しましたが、そのことに止まらず当代の戦争としての第一次大戦が、武器の飛躍的進歩にかかわらずなお持久戦争段階に止まっていることを論証したのです。石原の特色はそれを未来の戦争に対する予想と結びつけたことにあります。特に石原が凄いのは当時の持久戦争のバランスを崩し得る未来の決戦兵器として、一発で大都市を壊滅しうるような威力を持った爆発物（原爆）や、それを瞬時に地球上のどの地点へも運びうる飛行物体（大陸間弾道弾）の発明を、一九二四年（大正十三）段階に、極めてリアルに予想し得たことです。

歴史の後知恵からみて、彼の最終戦争論は世界史的にほぼ的中したとも云えるのですが、日本に限って見ると、日中戦争から太平洋戦争終結までの経緯は、彼の予言の卓越性を（彼の予言の指し示す政策に従わず敗北したということを含めて）実証していました。石原の脳裏には第二次大戦の帰趨が掌（たなごころ）を指すが如くであったのですが、見通しの卓越性は、その卓越性の故に一般の理解とは相容れないのです。天才の科学的検証に基づく警世的予言は、凡人にとっては、単に未来に対する過激な脅しでしかありませんでした。

世論との思想的へだたりはさておき、軍中央とのへだたりも、既に満州事変段階からですが、その後、石原が軍中央に入ったことで一旦は縮小するかに見えました。しかし日中戦争が勃発すると再び拡大します。最終戦争という遠大な視野を持たない者は、眼前に展開する戦局の推移にのみ心を奪われるのです。石原は満州国からやり直すことを計画し、自ら参謀本部第一部長という要職を捨て関東軍参謀副長へ移動しますが、そこで彼の満州国再建に対する障壁になったのが直属の上司としての参謀長東條英機でした。

石原は軍を去る決意で、帰国して「東亜連盟」を提唱、退役を許されなかったため東方会所属の代議士であった木村武雄に東亜聯盟協会を作らせますが、それが支那派遣軍の支持もあって占領下の中国人に受け、一九四〇年（昭和十五）の第二次近衛内閣の成立時点では国策化に成功するかにも見えました。

残念ながらその前年に欧州で始まった第二次大戦の影響で事態が変わります。一時的ではありましたがドイツ軍の電撃作戦が成功すると、日本の世論は、軍や外務省を含めてそれに幻惑され、急速にドイツとの提携による南進論に傾き、石原の反対にかかわらず、遂に日独伊三国同盟の締結に踏み切ります。ここで私があえて「石原の反対にかかわらず」と言うのは、この時点では彼の意向も政策決定にそれなりの影響力を持っていたと考えるからですが[1]、再び石原の影響力が失われる上ではやはり東條陸相の出現と日独伊三国同盟の締結が大きかったと考えるべきでしょう。

四一年（昭和十六）二月、石原は断固、日米開戦に反対の意思表示をしましたが、三月、遂に予備役に編入され日本の国策に関与する場を最終的に失いました。太平洋戦争を現役の軍人として迎えずにすんだことは、石原個人としてはむしろ幸せだったともいえますが、日本は破局に向かうことになります。

太平洋戦争中、石原は専ら東亜連盟運動の指導にあたりましたが、その場合、どうして東亜連盟協会（同志会）が政府の弾圧を見事に切り抜けて敗戦に到るまで存続し得たのかということと共に、石原の「最終戦争論」がどこまでこの運動の中で受け入れられていたのかを探るのも本稿の目的です。というのは石原との思想的へだたりは、石原お膝元の東亜連盟協会（同志会）にすら見られたからです。

## 一　太平洋戦争開戦前後における石原の時局観

### ①退役直前における師団管下将校に対する対米戦争批判講演

石原は退役直前の四一年（昭和十六）二月、京都第十六師団管下将校を師団司令部偕行社に集め、二日間にわたる「講演」を行いました。石原がこの戦争での敗戦を予想し、戦後を視野に対策を立てる必要性を考えるようになったことは、この講演の中に既に表れています。この講演については、当時、師団の通信隊長であった犬飼總一郎や、第九連隊の青年将校であった奥田鉱一郎の証言があります[2]。

残念ながら犬飼の証言も奥田の証言も、二日間にもわたった石原の講演の全容を伝えるものではありません。しかし犬飼が「師団長は開口一番、右手を挙げ、『この五本の指のうちで四本まで大陸に出兵させて置き、残りの一本でアメリカと戦うなど、貴官らはそんな戦術を習ったことがあるか』と仰せられた」という石原の軍中央批判に驚き、また奥田がこの講演を「折伏東條軍閥」と命名していることからすれば、この講演が軍中央の南進政策（対米戦争計画）の無謀を弾劾するものであったことはまちがいありません。

### ②師団講演と小湊での「世界最終戦争と大東亜戦争」講演との共通点

しかも①の講演が二日間にわたるものだったことは、これが単に対米戦争の無謀を突く程度のものではなく、石原が持論の最終戦争論をかなり徹底して展開したことを想定させます。となれば私どもはその内容に近いと思われる講演を、一年後における房総の聖地・小湊で行われた「世界最終戦争と大東亜戦争」として、今日読むことが出来ます[3]。ただし、小湊の講演が一年後であったことは、当然、演題の示す通り、既に太平洋戦争（当時の日本側の公称では大東亜戦争）開始後ということになり、軍事的条件は決定的に違っているのですが、石原の講演が戦後まで見据えたものであったと考えれば、政治的見通しという点で両講演の基本的立場は変わっていないといえます。その最も重要な論点は、本稿冒頭に記した通り「今度の大東亜戦争（太平洋戦争）は持久戦争であります。最終戦争では断じてあり得ません[4]」ということでした。

石原の「最終戦争」は、「最終戦争兵器（原爆や大陸間弾道弾）」の開発を待って初めて可能となる「徹底した決戦」となるべきものでしたから、そのような兵器を持たない段階での戦争は、「持久戦争」となる以外なかったのです。「持久戦争」ということになれば、総力戦となり、日米間の国力差から、この戦争が「敗北」に至ることは避けられません。要するに南方資源という眼前の餌につられて[5]、泥沼化した日中戦争すら解決出来ないままに、さらに巨大なアメリカとの戦争に手を出す[6]ことが如何に無謀で愚かなことかということを徹底して糾弾した内容だったのです。この講演は石原の陸軍に対する「告別の辞」であると共に、退役後の東亜連盟運動の基本的立場となるものでした。

**③開戦直後の鶴岡での講演**

小湊での講演より後ですが、やはり四二年（昭和十七）の正月のこととして、石原が鶴岡の新茶屋（貸席）で、かなり露骨に敗戦の見通しを語っていたという証言があります。後に東亜連盟の婦人部を立ち上げることになる尾形好子は、その日、尾形幸之助の案内で会場に行き、紹介されて石原にも挨拶したと言いますが、この日の講演で、「ハワイでは勝利を収めたが永くなると負け戦になり、遂には東京が爆撃されて、『ここに東京ありき』という立て札が建つだろう」とか、「ドイツもイタリーも結局は負けるだろう」と聞かされて、「街では勝利、勝利で提灯行列をやっている最中でしたから、私は非常な感銘を受けました[7]」と言います。尾形好子が感銘を受けたのは、この講演が、内容の深刻さにもかかわらず、戦後について明るい見通しを持っていたからだと思われます。

**④東亜連盟は敗戦主義ではありません**

石原が敗戦を視野に入れ、戦後改革（昭和維新）を考えていたというと、石原を敗戦主義ととらえる向きがあるかも知れませんが、それは違います。石原が敗戦を不可避と考えるのは、あくまで「東亜連盟」が採用されない場合であって、東亜連盟さえ採用されれば、石原には戦争に負けない戦略がありました。

太平洋戦争開戦の翌十二月九日、石原は田辺盛武参謀次長と伊藤整一軍令部次長に対して「戦争指導方針」を提示していますが、そこには中国のことは東亜連盟に任せ、南方地域も東亜連盟に準じて地域住民の政治的独立を保障して彼等の協力を取り付け、ヨーロッパに対しては、ドイツのソ連に対する要求を抑えて独ソの和平を斡旋することを提案しています[8]。軍中央にも、服部作戦課長などにこの提案を歓迎する向きもあり、石原の意を受けた寺村銓太郎ハルピン国際ホテル社長から、独ソ和平工作を目的とした特使派遣をドイツ大使館に働きかけ、大使館側もこれを歓迎したと言います。この提案は、リッベントロップ外相によって阻まれたということですが[9]、この工作は石原が好んで日本の敗戦を望んでいた訳ではないことを示しています[10]。

## 二　弾圧に対する組織防衛

それでは、石原は戦後を睨んだ東亜連盟運動を具体的にはどのように展開したのでしょうか。政府の弾圧に対する組織防衛からみることにします。

**①金銭に対する極端なまでの潔癖（組織防衛の基本は金銭に清潔であること）**

石原の組織防衛の基本は金銭に清潔であることでした。これは石原の性分でもありましたが、特にこの段階では組織防衛のためもありました。このことは逆に弾圧側の姿勢を考えると分かります。東條が東亜連盟弾圧を決めたとき、最初に鐘紡など財界に東亜連盟に対する弾圧（政府方針）情報を流して東亜連盟に対する支援を禁じたのは、財界からの資金源を絶てば東亜連盟は崩壊すると睨んだからでしょう。

ところが石原の姿勢は全く逆でした。退役後、石原は立命館から国防学の講座を頼まれましたが、彼は自分には軍人恩給があるからといって講師料を受け取りませんでした。また彼には当時、ベストセラーになった著作がありましたが、その印税も受け取りませんでした。このことは石原が、今日の社会では正当報酬と考えられるようなものにまで潔癖な姿勢を持っていたことを示しています。

最近の「政治と金」問題ではありませんが、資本主義社会における人間の腐敗は、金銭に対する信仰と過剰な期待に始まるのです。石原の組織防衛の基本は、そうした経済的利益に左右される社会常識を逆手に取っていたのです。石原の思考法は弁証法ですから資本主義に対しても全面否定ではありませんが、ただその「人間性破壊の側面」については極めて強い警戒感を持っていたのです。ですから資本主義の毒性＝経済実態とかけ離れた過剰な金銭欲に対しては徹底的に闘う姿勢を崩しませんでした。後に石原が「簡素生活」を東亜連盟のモットーとしたのはその延長上のことです。

**②会費制導入問題**

外部からの金に頼らないとなれば、当然、会の運営は会員自身の会費に頼る以外ありません。しかしこの会費制導入には従来からの東亜連盟協会幹部たち全員が反対しました。(11) そもそも協会代表であった木村武雄が農民運動を地盤に県会議員となり国会議員となった人間で、彼が連れてきた幹部たちも農民運動経験者が多く、したがって従来の協会支持者も大多数は農民でした。農民と云っても当時は地主＝小作制度でしたから、彼らは収穫物の半分近くを地代として地主に収めなければならず、その貧しさは今日では想像しにくいほどのものでした。その彼らから、たとえわずかでも会費を取るなどということは組織破壊以外の何ものでもないと思われたのです。その反対を押し切って石原は会費制を導入しました。四四年（昭和十九）段階から東亜連盟同志会の東北婦人部長を勤めた淵上千津氏によれば、会費制は最も基本的な組織原則であったということです。

会費制を強行した結果は、予想通り一時的には会員数の激減をもたらしました。しかし長期的にはしっかりした会員名簿が出来、徐々にではありますが東亜連盟理念の教育訓練も行われ、それが支部間の会員獲得競争を促し、組織回復の基盤となりました。終戦直前には会員の激増をもたらしますが、これが敗戦を睨んだ石原の狙いでもあったと思われます。

### ③ヤミ物資に対する異常なまでの警戒感

石原は東亜連盟がヤミ物資に手を出すことにも異常なまでの警戒感を持っていました。ヤミというのは戦時中の統制経済の下で、統制の網の目をくぐり抜け、違法に流通する物資の取引を指すのですが、物資が欠乏する中ではその取引に予想外の物資や金銭が動き、統制経済の根幹を揺るがすまでになっていました。

石原がヤミ物資に警戒感を持っていたのは戦時経済に協力するためではありません。統制経済の下でのヤミは、自由経済の下での金銭以上に人間を腐敗させるからです。資本主義に批判的であった石原は、社会主義についても疑念を持ち、将来の経済制度としては資本主義と社会主義を止揚した統制主義にすべきであると考えていましたから、それだけに、統制主義を破壊しかねないヤミに対しては、人間社会に対する希望を破壊しかねないという嫌悪感を持っていたと思われます。

ですから機関誌などを維持するには割り当ての紙数では到底間に合わないと考えられる場合でも、出所の分からない紙に手を出すことは厳禁でした。あやしい紙に手を出したというので淵上辰雄が聞くに堪えないほど罵倒されたことがあったということですが[12]、単に組織防衛というだけでは理解しにくいことです[13]。

**④民族協和、特に朝鮮人問題について**

東亜連盟が「政治の独立」をスローガンとしたことに関して、最も矛盾を抱えたのは朝鮮人問題でした。満州事変の結果として満州国の独立を認めて以来、石原はそのことを痛感していましたから、朝鮮にも政治の独立を認めなければならないということは石原の悲願でした。曺寧柱や姜永錫の様な有能で硬骨な朝鮮人同志を得たことも石原の背中を押していたと思われますが、同時に、アジアの人々に東亜連盟の民族協和が偽物でないことを証明するためにも朝鮮人問題で明確な姿勢を示すことは必要と考えられました。

しかし東亜連盟の幹部たちに朝鮮人問題の掘り下げを要求した時、宮崎正義から「省部（陸軍省と参謀本部）の東亜連盟に対する態度は尚六分四分位の煮え切らざるものあり」という情況の中で、「聯盟協会が朝鮮人問題に対して総督府の政治に批判を試み、独立運動者を先覚者の如く取扱」うことは東亜連盟組織をいたずらに当局の弾圧にさらすだけだと批判され[14]、石原も思い止まらざるを得ませんでした。民族問題は東亜連盟の命綱であっただけに、組織防衛という点ではアキレス腱でもありました。

**⑤大谷敬二郎京都憲兵隊長の証言**

以上のような石原の組織防衛努力は、取り締まる憲兵の目にどのように映ったか。三八年（昭和十三）の浅原事件では石原派弾圧の中心となった大谷敬二郎に、その後の石原像を聞いてみましょう。

「第十六師団長となった石原は、立派な将帥であった。彼の部下訓練はずばぬけていた。徹底した実戦本意の団下の指導は、たしかに見事なものであり、一人の団隊長として、彼の統率、訓練をけなすものはなかった。わたしは、石原が師団長を退いたあと、京都の憲兵隊長として着任したが、どの部隊長も、わたしが東京から転任してきたというので、石原のような名将軍がどうして首をきられたかと、質問することしきりであった[15]」。

大谷は、浅原事件での活躍を評価され、当時、東亜連盟運動のメッカであった京都の東亜連盟組織を破壊するために派遣された人物でした。その大谷ですらこのような評価に立たざるを得なかったということは他は推して知るべきです。こうした視点にたった憲兵情報に基づく限り、如何に東條といえど、東亜連盟組織を解散に追い込むことは出来なかったのです。

**⑥『石原莞爾日記』の欠文理由**「この度の闘いは兄等の勝利」

『石原莞爾日記』は、幼年学校生徒時代のもの以外は、手帳や日めくりカレンダーなどに書かれた簡単なメモに過ぎませんが、地名や人名に加えて、日常の出来事に限らず将来に対する簡明な見通しなども書かれており、石原の日常のみならず彼の思想を知る上でも不可欠の資料です。ところがご承知の通り、このメモ日記が石原にとってカギと思われる時期にはありません。退役後も四二年（昭和十七）暮れまでの二年間がありません。

退役後の日記が始まるのは四三年（昭和十八）一月ですが、注目されるのは、その二ヶ月前の九月二六日付の淵上辰雄宛ての石原書簡です[16]。これには「東亜連盟同志会と名称は変わっても運動には何らの支障もない」から、**「この度の闘いは兄等の勝利」**と断定してあります。これによって組織解体への圧力が終息し、組織存続が確実になったと判断されたと思われます。日記の再開はその情況を見据えたものだったのです。

**⑦会長問題悲シキ極也**

以上に見たように石原の組織改革と組織維持の努力は、明確に敗戦を予想して行われたものでした。

そのことは、もちろん石原にとっても決して愉快なものであったわけではありません。四五年（昭和二〇）三月二四日の『石原莞爾日記』に「会長問題悲シキ極也」という記事があります。

他の資料によると、この日、岩手県花巻で開かれた東亜連盟北上支部の講習会が終わった後、東亜連盟の幹部たちは畳に額をこすりつけ涙を流して石原に会長就任を懇願しましたが、石原は端然と座しただけで首をタテにはふりませんでした。これは石原の見通しが単に戦時中の当局による弾圧対策に留まらず、むしろ戦後を見通したものであったことを物語ります。第一次大戦後のドイツを知る石原には、占領下に置かれる戦後が、東亜連盟にとって決して楽観できるものではないと見通していたのです。

### 三　全ては最終戦争の準備

石原莞爾が東亜連盟運動に何を期待していたかは機関誌『東亜連盟』の巻頭に掲げられた東亜連盟協会（同志会）の「宣言」に一目瞭然です。

「人類史ノ最大関節タル世界最終戦争ハ数十年後ニ近迫シ来レリ　昭和維新トハ東亜諸民族ノ全能力ヲ綜合運用シテコノ決勝戦ニ必勝ヲ期スルコトニ外ナラス

即チ昭和維新ノ方針次ノ如シ

一、欧米帝国主義ノ圧迫ヲ排除シ得ル範囲内ニ於ケル諸国家ヲ以テ東亜連盟ヲ結成ス

二、聯盟内ニ於ケル積極且ツ革新的建設ニヨリ実力ヲ飛躍的ニ増進シ以テ決勝戦ニ於ケル必勝ノ態勢ヲ整フ

三、右建設途上ニ於テ王道ニ基キ新時代ノ指導原理ヲ確立ス」

この「宣言」が機関誌『東亜連盟』巻頭に初めて掲げられたのは、一九四〇年（昭和十五）十一月号でしたが、この「宣言」は太平洋戦争勃発後も変えられることなく、四五年（昭和二〇）七月号まで『東亜連盟』の巻頭を飾り続けたのです。そして東

亜連盟協会（同志会）の集会では、その規模の如何を問わず、その集会に先立って、必ず「宣言」が斉唱されることになっていました。

太平洋戦争が始まったとき石原が強調したのは、前述した通り「今度の大東亜戦争（太平洋戦争）は断じて最終戦争（決勝戦）ではあり得ない」ということでした。ですから東亜連盟の「宣言」が進行中の戦争について一言も言及せずに、「決勝戦ニ必勝ヲ期ス」と云っているのは、この戦争の向背に関係なく、東亜連盟運動は最終戦争（決戦戦争）の準備に専念すると云っていることに外なりません。

事実、戦時中の東亜連盟運動は、農業指導と婦人運動を除いては、ひたすら組織の維持拡大と「新時代ノ指導原理」＝「最終戦争理念」の確立に専念することになります。農業指導が例外とされたのは、戦時中の人手と肥料の不足からもたらされる食糧難は、「敗戦」に際して共産革命を引き起こす可能性が大であり、「敗戦」を避けられぬと考える石原が、唯一、懸念材料としたのが共産革命だったからです。婦人運動を例外としたのは、女性解放がない限り男性の解放もあり得ないことを痛感していたからでしょうが、石原には女性解放が農地改革と共に戦後改革の目玉になるという予見があったのです[17]。

ところがこうした石原の戦後に対する配慮は、他の東亜連盟員たちには、幹部を含めて殆ど理解されていませんでした。そのことを典型的に示しているのが四四年（昭和十九）十一月十五日から十七日にかけての三日間、京都府宮津市の天橋立文殊堂で開催された顧問講習会（特に石原の講義を目玉にした講習会）でした。この講習会では、石原を除く殆ど全員が、東亜連盟の政治進出を熱望しましたが石原は遂にそれを許しませんでした[18]。こうした石原と他の東亜連盟員たちとの認識の違いを更に際立たせたのが、四五年（昭和二〇）三月二十三日からの三日間、岩手の花巻温泉で開かれた講習会でした。前述したように、この講習会が終わったとき、東亜連盟の幹部たちは畳に額をこすりつけ涙を流して石原に会長就任を懇願しましたが、石原は端然と座しただけで首をタテにはふりませんでした。

いずれについても参加者たちは石原が許さないのは自分たちの熱意不足の為として納得したようですが、石原が戦時中に東亜連盟の政治進出を許さなかったのは、戦後に日本の再建を図らねばならない石原としては太平洋戦争などと心中する気持ちなどさらさらなかったのです。

## おわりに—敗戦は神意なり—

戦争が終わった時、石原は「敗戦は神意なり」と言いましたが、石原にとっては敗戦こそが昭和維新の絶好の機会だったのです。ただ石原の称える「都市解体」「農工一体」「簡素生活」[19]はいずれも「最終戦争」に備えるためのものでしたから、「最終戦争」の理念を根本から理解していないものにはその実践は極めて困難でした。残念ながら、そのことを東亜連盟会員たちが、その幹部を含めて理解していないことを石原は痛感していました。復員してきた甥の石原尚が「叔父、莞爾の思い出」として書いている次の様な証言があります。

来客も多く、私などもよく名を知っている有名人もありました。あるとき私と叔父はこんな会話をしたことを覚えています。

(尚)「木村武雄氏などよく訪ねてくるようですが、ああいう政治家や名士は最終戦争をどう考えているのでしょうか」

(莞爾)「あの連中はただ寄ってくるだけで、最終戦争などわかっていないのだ」

(尚)「東亜連盟の代表までやった人さえわかっていないとすると、一体、誰が最終戦争を本気で信じているのですか」

(莞爾)「おれだけさ」

と答えた叔父の顔は、さびしそうに見えまし

1945年８月　頬はこけ双眸に敗戦の苦悩と憂いを湛えた石原
（『永久平和の使徒石原莞爾』冬青社、1996年より）

た。

占領軍に解散を命ぜられた時、東亜連盟には組織として占領軍と対峙する力はありませんでした。戦後改革は、憲法改正を含めて占領軍の主導で行われました。アメリカによる占領政策が成功する中で、実質、日本の戦後に備えるという意味での「最終戦争論」の意義は見失われてゆきました。そうした中で石原は「永久平和」をモットーとし、むしろ「平和憲法」を喜びましたが、このことは彼の「最終戦論」が一面で「平和」への熱望と抱き合わせの思想だったことを示しています。

石原が「人間の理性が勝てば最終戦争も避けられる」と語った言葉は一九六二年（昭和三七）のキューバ危機回避で部分的には実証されましたが、今日の中東の悲惨な代理戦争をみれば[20]、人類が最終兵器を持った時代の戦争というものがどのようなものとなるかは歴然としています。今こそ「最終戦争論」の意義を振り返る時だと思われますが、「都市解体論」に見られるように、石原莞爾の「永久平和」への道は容易なことではありません。

註

(1) 酒井三郎『昭和研究会』中公文庫、一九九二年、二〇三～二〇四頁には石原が近衛の政策集団「昭和研究会」で三国同盟に強く反対したことを述べています。

(2) 犬飼總一郎『栄光と悲運　わが第十六師団通信隊』平成九年刊、奥田鉱一郎『師団長石原莞爾』芙蓉書房、昭和五九年

(3) 『東亜連盟復刻版』第十巻、一四一～一六七頁

(4) 同前、一六四～一六五頁

(5) 一九四〇年当時はヨーロッパでのドイツの戦勝で仏領インドシナ（今日のベトナム）や、蘭領インド（今日のインドネシア）は政治的に空白状態になっていると思われていました。

(6) 日本が仏領インドシナや蘭領インドに進出することに対してはアメリカが警告を出しており、対米危機を招く怖れは十分にありました。

(7)『協和新聞』昭和四八年六月十一日、拙篇著『東亜連盟期の石原莞爾資料』同成社、二〇〇七年、六九頁
(8) 角田順『石原莞爾資料—国防論策』原書房、昭和四二年、四五九頁
(9) 川田稔『石原莞爾の世界戦略構想』祥伝社、二〇一六年、三八四頁
(10) 本来、東亜連盟運動そのものが、敗戦を避けるための思想運動でしたから、これを敗戦主義と考えるのは石原の思想を全く理解していないことを示しています。
(11) 昭和十七年六月十三日付石原莞爾宛石原六郎書簡『東亜連盟期の石原莞爾資料』一三〇頁
(12) 淵上千津氏からの聞き取り。千津氏によれば淵上辰雄は叱られ役のようなところがあったという。
(13) 組織としてヤミの撲滅に取り組むことはありませんでしたが、組織内には外山卯三郎のようなヤミの撲滅に特異な手腕を発揮した人もありました。石原の影響があったと思われます。『東亜連盟期の石原莞爾資料』三〇三頁
(14) 前掲『東亜連盟期の石原莞爾資料』十二頁
(15) 大谷敬二郎『昭和憲兵史』みすず書房、一九七八年新装版第二刷、四二〇頁
(16) 前掲『東亜連盟期の石原莞爾資料』三〇三頁
(17) 石原莞爾の女性に対する平等感は徹底していました。白土菊枝『将軍石原莞爾』平成七年、中央公論事業出版、四九頁参照
(18)「東亜連盟の政治進出について」『東亜連盟』第七巻第一号昭和二〇年一・二月号、三七頁
(19) 石原莞爾『新日本の建設とわが理想』昭和二十年十二月二十日
(20) 黒木英充「シリヤ」(後藤晃・長沢栄治『現代中東を読み解く』明石書店、二〇一六年所収)を読むと、今日のシリヤ内戦が事実上、世界戦争であることが歴然としています。

# 第二節　三笠宮崇仁親王への御進講

## 外交的に相反する二つの決定

太平洋戦争開戦の翌一九四二年（昭和十七）後半、東條内閣は外交的に全く性格の相反する二つの決定をしました。一つは九月一日に閣議決定された「大東亜省の設置」であり、今一つは十二月二十一日の御前会議で決定された「大東亜戦争完遂ノ為ノ対支処理根本方針」（通称「対支新方針」。以後、この通称を使います）です。石原莞爾の三笠宮崇仁親王への御進講は後者の「対支新方針」に基づいて行われたのですが、問題を分かりやすくするために「大東亜省の設置」にも簡単にふれておきます。

「対支新方針と三笠宮の中国派遣」問題については既に柴田紳一氏の論文によって十分に解明されているのですが、筆者は特に石原莞爾の東亜連盟との関係を再検討しようと考えているのです[1]。

## 大東亜省の設置

太平洋戦争が始まると、従来、アメリカ、イギリス、オランダの植民地であった広大な地域が日本軍の占領下にはいりました。ところが当時の日本の軍人達は、明治以来の台湾や朝鮮を植民地として支配したやり方に馴れていて、新たに支配下に入った地域に対してもその独立性を認めず、占領下の地域社会を日本の植民地として取り扱う傾向がありました。その一面、彼らはこれらの地域を欧米帝国主義から解放してやったのだと考え、占領下の住民が日本の戦争遂行に協力するのは当然としたのです。したがって彼ら軍人は占領地の支配に外務省が関与するのは煩わしいと考え、占領地の統治組織から外務省を排除して日本の支配機構を一元化したいと思い、従来、形式的にはその独立を認めてきた満州国や中華民国も含めて、日本軍支配下のこれらの地域全体を「大東亜共栄圏」として「大東亜省」という単一の支配機構の下に置こうと考えたのです。さすがに外務大臣の東郷茂徳はこうした考え方に断固として反対しました。

東郷は、軍人達が考えているような統治機構は、当然、純然たる内政的機関となり、このような内政的機関が独立国を支配すれば、住民の自尊心を傷つけ、占領地の人心を離反させ、同盟国となるべき国々を失望させるだけだと考えたのです。これはすでに石原莞爾が「東亜連盟」として主張していたことですが、東郷とすれば、従来、西欧諸国の植民地であった地域には西欧流の、地域の独立性を尊重する洗練した統治方式が浸透しており、そこに日本が解放軍として臨みながら、より野蛮な植民地統治のやり方をすれば現地での反撥はより激しくなると考えたのです。[2]

東郷の反対は断固たるものでしたから東條内閣を瓦解しかねないものでした。本格的なアメリカの反攻が予想される時期だけに、内閣瓦解を避けたいと考えた天皇の意向を受けた嶋田海軍大臣の斡旋で、九月一日、東郷は単独辞職し、東條首相が外相を兼任することで内閣は大東亜省の設置を決めました。

## 「対支新方針」の決定

それではこれと性格的には真反対とも思われる「対支新政策」はどのようにして決められたのでしょうか。「対支新方針」を最初に言い出したのは、この年一月以来、特命全権大使として南京にいた重光葵でした。[3] 彼は四月に一時帰朝した際、木戸幸一内大臣を訪ね、「支那現状の決して内地に於いて軍部が述べて居るが如く好結果を収め居るものにあらず」と現地の実情を詳細報告の上、対支政策の大転換を要する旨を力説したのです。「要するに支那の独立自主性を完全に認めて支那は支那人の手に総てを復帰することを目的」として対中国政策を全面的に見直さねばならないという議論でした。これこそ「政治の独立」を謳った石原の「東亜連盟」の焼き直しに外なりませんが、この重光の議論を木戸が「穏健なる平和政策」と受け止め「全幅の賛意を表し援助を約した」ところからこの問題は出発するのです。木戸も「これを契機に支那事変終結の端緒をつかむことを得ば更に大東亜戦争の終結にも導き度きものと考えた」というのです[4]。

木戸が「東亜連盟」類似のものを「穏健なる平和政策」と受け止めたのは、政策担当者である駐支大使の発言であるということと、予期しなかった緒戦の戦果に酔っていたためかも知れません。重光が木戸を訪ねた三日後の四月十四日には重光の天皇への奏上が約一時間にわたって行われました[5]。

天皇が、この段階でこの問題をどのように受け止められたかは明確でありませんが、六月末に独ソ戦が始まるとともに提起された対ソ開戦論との関連で、天皇が「ソ連邦が敗戦しても蔣介石は降伏しないのではないか」と述べられたといわれることは[6]、中国側の継戦意欲が、ソ連を含む欧米列国の支援より、むしろ日本側の占領姿勢に起因すると認識されていたことを示しているように思われます[7]。

しかし軍人達は商人の利権にしっかり絡みつかれていました。「対支新政策」への軍人達の抵抗は執拗でした。「陸軍省局長会議では『新政策』によって職を失う日本人は四十万人にのぼると報告されていた」し、「海軍でも出先は上海や厦門海南島に就いて従来極めて頑固な意見を持っており」、特に「上海を我が物と思考しあるをもって中々条件をふせざれば返還せず」という状況であったといいます[8]。要するに中国人の政治的独立を認めなければならぬという「東亜連盟」や「対支新方針」の主張を阻んでいたのは、商人達の利害と結びついた軍人達の利権意識でした。

「対支新政策」への動きが本格的になるのは、皮肉なことに大東亜省の設置が決まってからでした。大東亜省設置に際して東郷外相の反対を押さえたことが天皇には負担となっていたようです。「対支新政策」の決定には天皇の御意向が大きくかかわっていますが、具体化するのは十一月九日の重光の御進講を受けられてからです[9]。

華々しく始まった太平洋戦争も時の経過と共に緒戦の奇襲効果が薄れ、十二月ともなるとガダルカナル島作戦の失敗等から西南太平洋方面の戦局が急をつげ、連動して中国戦線も従来の強気の戦略を断念せざるをえなくなりました。参謀本部の田中第一部長なども、漸く「戦争に負けたら、利権など持っていても何にもならぬ。要は戦争完遂のためには、支那四億の民心をわが方に引きつけねばならぬ」と考え、その趣旨を戦争指導班の種村中佐の私見として連絡会議事務当局に提案させました。また、初代の大東亜大臣となった青木一男なども国民政府最高顧問として南京に滞在した体験から、「現地における日本側施策が徒に中国官民の不満を買い、日華協力上憂慮すべき事態にある」ことはよく分かっていたので、期せずして陸軍の意見と合致し大東亜省最初の政策として提案することになったのです[10]。

先にも述べたように天皇は「対支新政策」の決定に極めて熱心でした。十二月十九日にこの件で東條首相が参内すると、数日来、風邪引きであったにもかかわらず特に拝謁を許され奏上を受けられました。また二十一日の御前会議には、侍医から三十分位の範囲でという要望が出されていたにもかかわらず、「本日の御前会議は支那に対する根本政策の決定にて極めて重要なれば、全部出席す」とのことで遂に全部臨御ということになりました。この前後、天皇は枢密院会議への臨御等、この件以外の行事への出席はすべて取りやめられていることを考えるとこの段階での「対支新政策」への天皇の執心をうかがうことが出来ます[11]。

では「対支新政策」の中身はどのようなものだったでしょうか。その「方針」が強調したのは「国民政府ノ政治力ヲ強化スルト共ニ重慶抗日ノ根拠名目ノ覆滅ヲ図」るということでしたが、その「要領」を見ると「国民政府ニ対シ勉メテ干渉ヲ避ケ極力其ノ自発的活動ヲ促進ス」までは良いとして、「当面ノ対支経済施策ハ戦争完遂上必要トスル物資獲得ノ増大ヲ主眼」とするというのですから、所詮、占領地住民の協力より目先の軍需が優先していることが分かります。それでも「経済施策ノ実行ニ当リテハ勉メテ日本側ノ独占ヲ戒ムル」というような言葉が、占領政策に携わる人間次第では生きてきて、日本人による利益独占が多少とも抑制されるという効果は期待されました。

## 東條と「対支新政策」

「対支新政策」に最も熱心に取り組まざるを得なくなった人間が東條であったことは皮肉なことです。彼も、東亜連盟運動を弾圧する中で、逆にその正当性を内心認めざるを得なくなっていたのかもしれませんが、何より大東亜省設置を強引に押し切る中で東郷外相の断固たる反対に遭遇したばかりか、天皇からの御さとしを受けたことが重く心に響いていたのでしょう。

十二月二十四日に、支那派遣軍参謀長以下、各軍の参謀長を中央に集めて「対支処理根本方針」が示達されましたが、陸相として訓示した東條は「対支政策の変更は自主的なもので、これにより生ずる事態の責任は全部自分が負う」といいつつも、「障害があれば人事的措置をとり、要すれば軍律に照らす」といかにも彼らしい脅しも加えながら「今や戦略要線を抑えたが、この要線保持の可能性は共栄圏内一〇億の人心を把握できるか否かにかかっている」とまで言ったといいます。とても大東亜省設置を強引に押し切った人間の云うこととは思えませんが、天皇のご意向には弱いのです[12]。

翌四三年（昭和十八）三月、東條は「対支新政策」督励のために南京を訪問してもいます。「現地の軍人が不平だからそれを押さえに行った」と見られていますが[13]、皮肉な見方をすれば、治外法権撤廃や租界廃止などの施策には、肝腎の中国人にさしたる成果はなくとも、現地日本軍の不満を引き起こすだけの効果はあったのです。東亜連盟に対する弾圧姿勢が大東亜省設置頃から緩和されて来るように思われるのも政府の姿勢の変化と関係があるかも知れません[14]。

重光葵が「対支新政策」を「天皇陛下の御親政」とし、三笠宮が中国に派遣されることになったことを「陛下の御名代で此政策の監視に南京総軍に配属せられた」と受け止めたのは間違いではないでしょう[15]。石原の御進講が天皇のご意向であった可能性もあります。

## 石原の三笠宮への御進講

四二年（昭和十七）の暮れ、三笠宮付武官陸軍大佐加藤年雄から鶴岡の石原に宛てて、「満州事変処理の経験と今後に於ける対支処理の諸問題について」、明春一月十日までの間に御上京の機会があれば二、三時間の予定で「御進講をお願いしたい」という要請がありました[16]。石原がこれをお受けしたのは勿論のことですが、これによって予備役編入以後、厳重な憲兵隊の監視下に置かれてきた石原が、天皇の直宮である三笠宮に御進講をするという異例の事態が起こりました。

石原の御進講は四三年（昭和十八）一月七日に行われました。石原は五日の夜行で鶴岡を出発、翌朝、麻布区桜田町の東亜連盟本部に投宿、「三笠宮のお召しで、あす九時に参殿するのだ」といい、当日は持参した軍服に着替え、歩いて青山の三笠宮邸に出かけたといいます。昼頃には帰るということだったので、連盟では昼食の支度をして待っていると、宮家の副官から「石原閣下には昼食を差し上げることになりました」という電話があり、午后二時半頃に帰ってきたといいます。

石原の御進講のことは、宮家でも門衛や憲兵には寝耳に水の出来事だったようで、彼らは問題の人、石原中将の突然の出現に驚嘆したようです。[17]妨害が起こることを懸念された為かも知れません。

ともかく石原が結果として与えられることになった五時間を存分に有効活用したであろうことは想像に難くありません。三笠宮は石原の話に対して「そうですね」とうなずかれることしきりであったといいます。[18]満州事変以後の石原の民族協和実践と東亜連盟の「政治の独立」の主張は、趣旨において今回の「対支新政策」と何ら異なるものでなく、それは天皇の「元来、皇道政策、八紘為宇というものは力をもって強制すべきものではない」というお言葉そのものと言っても良いものでしたから、天皇のご意向を受けて中国に赴かれる三笠宮が相づちをうたれたのは当然のことでした。石原の民族協和の原点は人類が最終的に統一され、永久平和の時代が来ることを目標としていましたし、その目標達成にあたっては日本皇室の役割を不可欠と考えていましたから、皇族の中でも直宮である三笠宮を前にして、石原が太平洋戦争開戦以来、封じられてきた持論展開の好機を存分に活用したのは間違いないでしょう。

## 若杉参謀（三笠宮）の活躍

三笠宮は石原から御進講を受けられた六日後の四三年（昭和十八）一月十三日に東京を発ち翌十四日に南京の支那派遣軍総司令部参謀部第一課に着任、以後「若杉参謀」の名前で一年間勤務されました。十五日には早速、総司令部の部課長以上に御陪食を仰せつけられましたが、開宴劈頭「陛下は今回の対支処理方針に非常なる関心をお持ちになり、今後はこれが実行が最大切なる旨特に御言葉あり」と述べられ[19]、以後、天皇の御名代として「対支新政策」の実施を忠実に見守られることを宣言されたのです。

### 三笠宮ご自身による現地情報収集意欲（中国語学習への熱意）

三笠宮の活動は何といっても宮様自身による現地情報収集が根本です。これが半端なものでなかったことは何よりも宮様の中国語習得に対する熱意に表れています。英語の方が得意であったということですが、中国語も既に陸大在学時代以来三年間学ばれていたといいますから、ご自分の耳や目で直接に情報収集に当たりたいという気持ちは早くから持って居られたと考えられます。

現地で殿下の中国語教育にあたることになった木村辰男は「支那派遣軍総司令部には、数十をもって数える高級将校がいたけれども、自由に中国語を操り、完全に中国人と意思の疎通を図り得るものは、皆無といっても過言でない状態であった」と言っています。当時の日本男子の中等以上の教育では、古典としての漢文は基礎的教養として十分に与えられていましたから、それだけ却って日常会話の基礎となる現代中国語に対しては学習意欲を持たないものが大半だったのです。その木村が中国語に対する三笠宮の熱意には「深い感銘を覚えた」と言っています[20]。「北京官話[21]」に限られるとは思われますが、現代中国語に対する三笠宮の熱意には中国理解に対する並々でない覚悟がうかがえます。

ただし現地の派遣軍側には本質的に「対支新政策」に対する抵抗姿勢があり、実行監視役としての三笠宮の存在はかなり鬱陶しいものだった筈で、宮様の活動も限られたものにならざるを得なかったと思われます。三笠宮の活動は現地情報収集と、現地日本人に対する「対支新政策」教育と、天皇への報告という三点から見ることが出来ますが、詳細な記録は柴田紳一氏の前掲論文に紹介されていて、今、それを再録することにあまり意味はありません。ここでは出来る限り石原の東亜連盟運動との関連に絞ってその意義を考えてみたいと思います。

## 宮様による現地日本人に対する教育

現地日本人に対する「対支新政策」教育として明らかなのは、四三年（昭和十八）九月二十二日に上海登［第十三軍］集会所での軍官民に対する教育と、翌四四年（昭和十九）一月五日、南京の支那派遣軍総司令部高等官食堂に南京の主要部隊の佐尉官約百二三十名を召集して行われた教育（「支那事変ニ対スル日本人トシテノ内省」）のみです。

上海登集会所での講演内容は、聴衆に軍人以外の民間人も含まれて居たこともあり微温なものであったと思われます。比較的短いもので、「対支新政策」の実践が経済権益の集中しているこの上海地区では極めて困難であろうことを認めた上で、それ故にこ

内モンゴルの包頭南方で黄河を渡る三笠宮（中央、1943年、朝日新聞社提供）

そ「新方針結実の成否は実に当地区に於いて決すと云うも過言に非ず」とその誠実な実践を求められたものでした。

しかし四四年（昭和十九）一月、三笠宮がほぼ一年に及んだ南京での任期を終えて帰国されるに際し、現地軍の幹部を集めて行われた教育は、極めて厳しいものでした。今回の「対支新政策」実施の意義は認めながらも、従来、言論弾圧の下で覆い隠されてきた占領の実態をあからさまに暴露し、日中戦争が勃発後、足かけ八年に及んでなお解決の目途すら持てない理由を徹底的に糾弾したものだったからです。

先ず蔣介石側の断固たる抗日姿勢の原因は何かということについては、日清戦争以来の日本人の中国人蔑視などを含め、特に日中戦争勃発以来の日本軍の略奪、強姦、殺傷、放火の暴虐行為等、原因として考えられるものを十ばかり挙げて、それら大方の責任は日本側が負わねばならないという指摘でした。

次に中国共産党が猖獗した原因は何かということについては、華北の政治行政組織を破壊して政治的真空地帯を作り、そこに政治を知らない日本の軍人が日本的統治を行ったこと、民衆に対する中共の軍紀の厳正に対照するかのような日本軍の軍政の貧しさと軍紀弛緩を指摘したものでした。宮はそのことを次の様に語っています。「中共の男女関係は極めて厳重で強姦等は絶無に等しい」。これに反し日本軍占領地では強盗、強姦等の軍紀の乱れに加え、軍政の貧しさから「農民は雑穀が実っても刈り入れもせず草や木の実を集めている。何故かといえば、雑穀はどうせ皆取られ、結局、自分らの食べるのは草や木の実であるから、先ずこれを集めているのである」と。「これで中共が猖獗しなかったら世界七不思議の第一となるであろう」と結論づけられています。

三笠宮が第三に指摘しているのは、傀儡政権としての南京国民政府の無力でした。汪精衛の高潔な人格は別として、この政権の大部分の官吏や軍人は、日本を利用して利益を引き出し、金を儲けようと考えて表面的親日を装っているにすぎないから、このような政府に民衆の信用がないのは当然である。ただ出来たものは仕方がない。一夜妻でも妻は妻、我々としてはこの政府が真に中国四億民衆の為の正しく強い政治を行って民心を収攬するよう強力に支援しなければならないということでした。

以上のような結論が当時の派遣軍に受けいれられなかったのは当然といえば当然でしょう。三笠宮が大本営参謀に転勤になり中国を去ると、派遣軍は配布された講演要旨を「危険文書」として処分したようです。

この文書が、「支那事変ニ対スル日本人トシテノ内省」（支那派遣軍総司令部若杉参謀）という文書として戦後に残り[22]、いろいろの所から発掘されることになったのは、辻政信や三品隆以等、東亜連盟系の参謀の手によってこの文書のコピーが報道部で印刷され、派遣軍内部、中国側（重慶及び抗戦区に地上及び空中より）に広汎に配布、散布された[23]からのようです。

## おわりに

一九四二年（昭和十七）暮れに東條内閣が御前会議で決定した「対支新方針」の主旨は、本質的に東亜連盟の主張と同じものでした。これの採択には天皇の意向が大きくかかわっていたところからすると、三笠宮に対する石原莞爾の御進講も天皇の意向であった可能性があります。

ただ「対支新方針」が実質的な成果をあげるには採択の時期が遅すぎました。これが殆ど何らの成果をもたらさなかったことは三笠宮の南京国民政府に対する極めて低い評価にも表れています。三笠宮が離任に際して派遣軍に行った教育を派遣軍が素直に受け取れず、三笠宮がこの時配布した文書も危険文書として扱われたことは、これまたその立場上やむを得ないことだったと思われます。

ただ、この三笠宮の文書が東亜連盟派の参謀等の手によって派遣軍内部のみならず中国側に散布されたことが、中国側に対する和平工作の一環となった可能性を排除できません。終戦間際に行われた繆斌工作が天皇を対象として行われたことはその可能性を示唆しています。少なくとも三笠宮が書いた文書が、戦時中の皇室の姿勢を物語るものとなっているのは間違いありません。

**註**

(1) 柴田紳一「『対支新政策』の決定と若杉参謀（三笠宮）の中国派遣」（柴田紳一『昭和期の皇室と政治外交』原書房、一九九五年所収）
(2) 『昭和天皇実録』第八巻、七八一頁
(3) 柴田紳一前掲書、一二二～一二四頁
(4) 同前、一二四頁
(5) 『昭和天皇実録』第八巻、六八七頁
(6) 同前、七六三頁
(7) 天皇のそうした認識は、後日、東条首相に対して、公使有吉明が帰朝した時、「支那人はいっています。西洋人はご馳走を食って皿を置いてゆくが、日本人はご馳走を食った上、皿まで持って行く」と言上したと話されて「対支新方針」の実行を促され、東條が恐懼したという話につながります。柴田紳一前掲書、一五〇頁
(8) 同前、一二九頁
(9) 同前、八三三頁
(10) 同前、一二七頁
(11) 『木戸幸一日記』下巻一〇〇一頁
(12) 柴田紳一前掲書、一三〇頁
(13) 同前一三四頁
(14) この段階で東亜連盟は名称を東亜連盟同志会と変えただけで存続を認められています。拙編『東亜連盟期の石原莞爾資料』同成社、二〇〇七年、一五一～一六〇頁
(15) 柴田紳一前掲書、一三一頁
(16) 前掲『東亜連盟期の石原莞爾資料』一七三頁
(17) 「三笠宮と石原さん」『のろし』昭和二七年一二月一日
(18) 同前

(19) 柴田紳一前掲書、一三二頁

(20) 柴田紳一前掲書、一三三頁

(21) 北京および中国東北部諸省で使われた公用標準語。

(22) 国会図書館憲政資料室阿部信行関係文書Ⅱ38

(23) 三品隆以『我観石原莞爾』昭和五九年、二四二頁

# 第三節　東亜連盟と朝鮮人問題

## 石原莞爾に対する評価の問題

一九四九年八月十五日に石原莞爾が亡くなった時、葬儀の式長をつとめたのは韓国人の曺寧柱でした。この年の十月には中華人民共和国が生まれましたが、この革命の起点の一つとなったのはワシントン体制への反逆としての満州事変でした。こうしたことが物語っているのは、石原は日本人というスケールでは計り切れない、むしろレーニンや毛沢東などとともに世界的視野の中で生きた人物として評価しなくてはならない人物だと云うことです。そのことは、現代という二一世紀社会が、トランプ大統領のようなスケールの小さな人物を世界政治のリーダーとして生み出しているからこそ改めて強調しなければならないことです。

一八八九年（明治二二）に日本人として生まれた石原はアジア人として死んだのです。繰り返しますが石原は日本史上の人物であるより世界史上の人物です。ですから、彼に対する評価もそれにふさわしく世界的人物として評価されねばなりません。彼が人類に残した業績としては「最終戦争論」がありますし、また彼が現実の政治舞台上に展開したのは満州事変であり東亜連盟でしたから、そういう意味では東亜の人間として評価しなければならないのです。しかし従来の彼に対する評価はほとんど日本史上の人物としての評価に留まっています。そのことを象徴するのが五百旗頭真教授の次のような評価です。

「石原は丘の上にあった大岩を満州事変によって動かしたのであり、のちに石原自身が日中戦争や対米戦争に際してこの大岩の転落を止めようとして、かえって止めることができずにその下敷きになってしまったのである[1]」

五百旗頭教授は石原莞爾研究ではパイオニア的存在と思われるような人であり、彼の石原にたいする研究は、それまでの単なる神話伝説に近い人物像を客観的科学的な研究対象として取りあつかった極めてすぐれたものです。その人にしてこの評価があるところに石原評価の難しさが表れています。教授は「最終戦争論」に対しては世界史的な業績として高い評価を与えていますから、満州事変に対しては評価基準を変えているように思われます。

わたしは満州事変は帝国主義による侵略であるよりもワシントン体制に対する反逆であり、東アジアにおける社会主義革命の起点として捉えなければならないと考えています。日本史に限定して捉えると、たしかに五百旗頭教授の言われるとおりですが、世界史上に広げて考えてみると、石原の残した業績に対する評価も、単に「大岩の転落を止めようとして、かえって止めることができずにその下敷きになってしまった」として片付けるわけにはいかないと考えられるのです。

また、日本史上に限ってみても、たしかに彼は東條や梅津との争いに敗れ、日本を敗戦に導いたと見られるわけですが、彼が究極的に日本の政策決定の場から退場させられるのは四一年（昭和十六）正月のことで、前年の四〇年（昭和十五）段階までは、まだ成否、微妙なものがあったのです。

## 新体制と東亜連盟

日中戦争（一九三七〜四五）勃発以後では四〇年（昭和十五）七月の政変ほど人々が和平に期待を

もった時はありませんでした。その期待の大きさを端的に示していたのが各政党の自発的解散でした。ですからその結果成立した第二次近衛文麿内閣は国内のあらゆる政治的対立を解消し、開戦以来四年目になる日中戦争を解決、行き詰まった国際関係を打開してくれるものと期待されたのです。

東亜聯盟関係でも、七月初旬、南京の支那派遣軍総司令部付参謀の辻政信少佐が上京、「新内閣の政綱に東亜連盟結成の一点を加えさせん」として奮闘し、相当に成果をあげているという観測がありました[2]。当時の支那派遣軍は、総司令官が西尾寿造、総参謀長が板垣征四郎で、彼等はいずれも石原莞爾や東亜連盟には好意的だったのです。そのことを反映して、五月には北京で新民会副会長の繆斌が中国東亜連盟協会を発足させたのに続き、九月には広東で省政府教育庁長の林汝衍が中華東亜連盟協会を発足、十一月には南京で周学昌国民党中央党部副秘書長が東亜連盟中国同志会を発足させ、これが翌年二月の汪兆銘南京政府主席による東亜連盟中国総会結成につながります。

こうした気運をみて、東亜連盟協会の代表であった木村武雄は議会内で東亜聯盟促進議員連盟の結成を呼びかけ、貴族院二五名、衆議院一七三名の賛同を得て、これを組織化、東亜連盟中国総会との間に一気に日中両国の和平機運を盛り上げようとしました。

ところがこうした動きに冷水を浴びせ、急ブレーキをかけたのが第二次近衛内閣に陸相として入閣した東條英機でした。何故、東條が陸相になったのか。このことは東條を陸相に推挙したのが石原の盟友とも云われる阿南惟幾陸軍次官だったということを考えると、どうしてもその理由を考えてみなくてはなりません。

この時点で何より明確だったのは、前年八月、ノモンハン事件の最中に突如発表された独ソ不可侵条約の衝撃で、それまでドイツとの軍事同盟に固執してきた板垣陸相がすっかり天皇の不信と激怒を招いたことでした。この時の天皇の怒りはすさまじく、何と陸軍三長官が次の陸将に推挙した多田駿を、板垣と同じ石原派であるということで拒否したのです。以後の陸軍将官人事は、飯沼守人事局長が石原宛の手紙で告白したところによれば、「大兄と良きが故に適所に使用し得ず、……一年間の人事はことごとく失敗[3]」という事態にまで陥ってしまったのです。それが結局、阿南次官による東條推挙につながったと思われますが、天皇が多田駿を拒否したこと、すなわち天皇の石原派不信と、阿南が東條のような石原の対極にある人物を推挙するということの間には、天皇のご意向忖度ということに留まらない阿南等自身の石原派に対する疑念というか不満があったように思われます。飯沼守人事局長も前掲書簡の続きで「大兄におかれても大局よりみて多少工夫せられてしかるべき点あらずや[4]」と石原に反省を迫っています。それが朝鮮人問題だったのです。

## 東亜連盟と朝鮮人問題

四〇年七月に辻少佐参謀が南京から上京、第二次近衛内閣の政綱に東亜連盟結成を入れさせるべく運動した時、陸軍省も参謀本部も主旨には一応賛成しましたが、それはあくまで限定的なものでした。というのは、一般の陸軍軍人にとって、東亜連盟の主張する「政治の独立」は、無条件では到底容認することが出来ないことだったからです。石原にとっては、「政治の独立」は東亜連盟の基本的成立条件でした。しかしこれは朝鮮併合以来、朝鮮総督府が採ってきた政策とは根本的に矛盾する政策でした。ですから東亜連盟発足以来、朝鮮総督府は支配地での東亜連盟運動を禁止してきたのです。しかし東亜連盟が日本の国策として認められるということになると話は違ってきます。国策となれば朝鮮総督府の支配地にも「政治の独立」が及んでくるからです。これは総督府政治になじんできた軍人達にとっては到底、容認できないことでした。彼等が日中戦争の泥沼化については石原の「先見の明」が明瞭に証明されていることを認めつつも、なお陸相としては石原の対極にある東條を選んだというのも、単に天皇のご意向忖度に留まらない石原に対する疑念があったのです。彼等は陸相としては東條を担ぎながら、東條と石原の妥協点を探ろうとしたのです[5]。

石原の方も従来は敢えて朝鮮人問題には目をつぶってきた感がありました。形式的には独立を認めた筈の満州国についてすら、「政治の独立」を認めようとしない日本人の国民感情を無視して、問題を朝鮮にまで広げれば事態は決定的に悪くなる可能性があると読んでいたからでしょう。しかし、どうしても日中戦争を解決しなければという切迫した情勢はそうした逡巡を許さなくなってきたのです。石原が東亜連盟協会の中央参与会議に「国内における民族問題」として朝鮮人問題を提起したのは、危険を冒してもこの問題に対する協会の態度を鮮明にする必要を痛感したからでしょう。

しかし七月二十六日付の宮崎正義の石原宛書簡はこの石原提案に真っ向から反対の意を表明したものでした。彼は陸軍省や参謀本部の東亜連盟に対する態度は未だ「六分四分位の煮え切らざるもの」と言い、このような時に東亜連盟協会が「朝鮮人問題に対して総督府の政治に批判を試み、独立運動者を先覚者の如く取扱い、其の転向者等と結合せんとする動きを見せる場合には」、陸軍は挙げて東亜連盟に反対の態度を取る可能性があるとして、「小生はしばらく朝鮮人問題を見送るを賢明とするものにこれあり候」としたのです[6]。石原もこれをみて朝鮮人問題を本格的に取り上げることをあきらめざるを得なかったと思われます。それは同時に東亜連盟の国策化をあきらめることにつながったのです。東亜連盟の国策化を阻んだのは朝鮮人問題でした。それが翌年からの太平洋戦争への最後の防波堤を突き崩したのです。

## 敗戦は神意なり

この時点で東亜連盟の国策化をあきらめることは、同時に東亜連盟による日中和平をあきらめるということでした。この段階で石原は翌年に始まる対米戦争を覚悟せざるを得ず、彼は敗戦を予測したのです。これ以後の石原の言動は、東亜連盟の指導を含め、すべて戦後の日本再建に備えるものだったのです。「敗戦は神意なり」は、石原の戦後の言葉として知られていますが、この言葉が生まれたのは彼が朝鮮人問題で東亜連盟の国策化をあきらめた時点であったと思われます。

### 註

（1）中公文庫『最終戦争論・戦争史大観』中央公論社、一九九三年、三一七頁
（2）拙編著『東亜連盟期の石原莞爾資料』一〇頁
（3）同前、三頁
（4）同前
（5）同前、一一頁。それが阿南らによる七月二十八日の「中部軍管区師団長会同」の目的でした。
（6）同前、一二～一四頁

# 第四節　日蓮無用論

一九四二年（昭和十七）五月、『東亜連盟』誌上に「日蓮無用論」が掲載されるということがおこりました。記事としては小さな取り扱いでしたが、何分『東亜連盟』は日蓮主義者たる石原莞爾が主催する東亜連盟の機関誌でしたから、それに堂々と「日蓮無用論」が掲載されたということは、身内から石原の信仰が試されたということでした。このことは石原と東亜連盟の幹部たち、特に杉浦晴男との間に日蓮信仰に関する間隙が生じていたことを物語ります。杉浦は東亜連盟の幹部であると共に、日蓮信仰に関しては石原の立場を代弁する「精華会」の幹部でもありましたから[1]、この問題は石原と杉浦、両者の宗教思想の核心にふれるところがあるはずです。この問題を追及することで、石原の宗教思想の本質に迫ってみたいと思います。

## 雷撃山人の「日蓮無用論」

東亜連盟協会の機関誌『東亜連盟』には、一九四二年（昭和十七）三月号から翌四三年（昭和十八）一月号まで計八回にわたって雷撃山人なる人物の「老骨談義」という連載がありました。雷撃山人はもちろんペンネームですが、筆者の演じている役柄は、予備役になったばかりの多田駿陸軍大将を想定させる、石原にとっては先輩筋にあたる陸軍の長老が、水戸黄門ばりに天下のご意見番を演じているというところでした。自在に書かれた社会戯評でしたが、既に太平洋戦争が始まり言論統制が一段と厳しさを増した中では信じがたいほど痛快に、かなりの辛口で戦時下の社会事象に筆を走らせていました。東亜連盟の内情にも通じており、筆誅の及ぶところは味方陣営も例外とはしないという特徴がありました。

その「老骨談義」が四二年（昭和十七）五月号に「日蓮無用論」を書いたのです。石原自身の信仰に対しては一定の敬意を払いつつも、日蓮信者をよそおう偽物は我慢ならないとして、東亜連盟論と日蓮主義は無関係と断定し、「東亜連盟論は日蓮主義と一つではない。東亜連盟論は信奉するが、日蓮主義は信じない。好かない思うたとて差し支えはなかろう」と言ってのけたのです。

これが石原の信仰に疑問符を投げかけていることは明白でした。石原は早速、東亜連盟協会中央工作員である淵上辰雄と、『東亜連盟』編集者としての増川喜久男に宛てて憤慨と抗議の手紙を書きました。[2] 淵上に対しては「此の如きことを誌上にのせ、同志の分裂を来すこと誠に残念」と組織論上からの苦情を伝えただけでしたが、増川に対しては「不愉快、憤慨いい難きものあり」と率直な怒りを表明した上で、さらにこの問題の背後にいて事実上、「日蓮無用論」掲載を指嗾していたと疑われる杉浦からの書簡に対しては「返事する気にもならず」と突き放した上、伊地知からの抗議文の次号掲載を求め、問題解決までは「老兵（石原の自称）の文章等、連盟誌上に御発表は凡て堅くお断り」する旨を伝えました。石原の文章は『東亜連盟』毎号の目玉商品であるというばかりでなく、東亜連盟会員の指針として不可欠のものでしたから、これの掲載を許さないことは、事実上、雑誌の刊行を止めるに等しい処置でした。杉浦からの書簡に返事を書かないとしたのは、この問題の事実上の責任者が彼であり、弁明の手紙に嘘があると見抜いていたからでしょう。

確かに日蓮主義者を標榜する石原に対して、彼の機関誌ともいえる『東亜連盟』誌上に、断りもなくこのような論説を掲載することは無礼きわまりない話でした。しかし『東亜連盟』の幹部や編集者たち、特に「精華会」の理論的指導者である杉浦[3]が、雷撃山人の「日蓮無用論」掲載を画策したことにもそれなりの理由があるはずです。

## 「日蓮無用論」掲載の背景となった五五百歳二重説

雷撃山人の「老骨談義」が始まった四二年（昭和十七）三月時点で杉浦が石原の信仰に不信感を持っていたことは明白です。雷撃山人の正体は電通の福島昌夫で[4]、雑誌の紙面構成について『東亜連盟』編集に関わりを持った人物ですが[5]、物怖じしない性格が、石原というカリスマへの疑惑のただし役として期待されたと思われます。執筆内容について事前に打ち合わせがあったかどうかは別として、この人に連載物を書かせれば行き着くところが日蓮主義批判にたどり着くことは察しがついたはずですし、それこそ杉浦の狙いであったと思われますが、福島の視点には東亜連盟が抱えるもっと幅広い問題点も含まれていました。

たとえば四二年（昭和十七）四月号の「老骨談義」には「東亜連盟運動はまごころの運動でありま す」という石原のことばを一般会員がオウム返しに使う姿勢を批判し、「末輩共が石原君の口真似して他の者に、聞いた言葉通りしゃべるのは慎むべきじゃなかろうか」と言っていましたが、このことは石原の言動が、一部分を取り出して軽薄に口真似すると全く違った意味になりかねない懸念があったことを物語っています。石原の言葉は石原の全人格を伴って初めて重みを持つのです。東亜連盟は石原のカリスマ的魅力に惹かれてまとまっていただけに、思想的には右から左までかなり幅広い人々を抱えているという弱点がありました。ですから石原の人格を抜きに語られると極めて軽薄な、浮いた響きを持ってしまうのです。日蓮主義に関することはその典型でした。そして「精華会」の幹部としての杉浦にとって解決を要する焦眉の問題は石原の日蓮信仰に対する疑惑でした。

キリスト教に終末思想があると同様、仏教には末法思想があります。仏滅（釈迦の死）後を正法、像法、末法の三つの時代に分け、正法の時代は仏の教えが最も純粋に行われるが、像法の時代になると教えが形式的になり、末法の時代には仏の教えが全く忘れられて乱世になるという予言です。一般的には、正法が千年、像法も千年、末法が万年といわれていました。

仏教の諸宗派の中では、教祖の名前を冠している宗派は日蓮宗しかありません。そういう点で、日蓮宗はキリスト教とよく似た信仰の成り立ちを持っているのです。キリストが救世主として予言された人であったと同様、日蓮も「法華経」で末法時代に遣わされると予言された本化上行菩薩として信仰の対象になっているのです。日蓮宗のことを法華宗とも言い、教徒が「南無法蓮華経」と唱題念仏を称えるのも皆その予言を信じるからです。ですから他の仏教諸宗派と違って日蓮宗では予言はとても重要な意味を持っているのですが、中でもその予言をより所にして最終戦争論を組み立てた石原にとっては予言年代の正確さが信仰の命でした。

ところがその予言年代の根拠である「仏滅」そのものに問題がありました。近年になって、仏教には南インド経由で伝えられた南伝（小乗）仏教と、中国・朝鮮経由で日本に伝えられた北伝（大乗）仏教の間に「仏滅」年代に約五百年の違いがあり、科学的には南伝仏教の方が正確らしいということが分かったからです。

一九三九年（昭和十四）一月三十日の石原日記には「仏滅年代ニ対スル大疑問――、人類ノ大事ナリ」とありますから、石原にとってはこの日が仏滅年代に異説があることを知った最初だったことは間違いないでしょう。それは石原の信仰を揺るがすものでした。しかしそこで石原は簡単に信仰を捨てるわけにはいきませんでした。彼には、信仰そのものもさることながら、その信仰をより所に組み立てた「最終戦争論」があったからです。悩んだあげくに創り上げたのが「五五百歳二重説」でした。

「五五百歳二重説」とは、仏滅後の二千五百年を、大集経の予言に基づいて、五百年毎に区切って考えると、日蓮の出現した末法時代最初の五百年、即ち仏滅後、五番目の五百年が、「観念上」と「現実」と二重に存在するという説明です。歴史上に正確と考えられる「仏滅」年代と、信仰上の「仏滅」年代の間にある約五百年のずれを合理化する為に石原が考え出した辻褄合わせとも受け取れる解釈でした。その成立由来を石原本人の言葉できいてみましょう。

### 「五五百歳二重説」の成立由来

昭和十三年十二月、舞鶴要塞司令官に転任。舞鶴の冬は毎日雪か雨で晴天はほとんどない。しかし旅館清和楼の一室に久しぶりに余り来訪者もなく、のどかに読書や空想に時間を過ごし得たのは誠に近頃にない幸福の日であった。この静かな時間を利用して東洋史の大筋を一度復習して見たい気になり、中学校の教科書程度のものを読んでいる中に突如一大電撃をくらった。私は大正八年以来、日蓮聖人の信者である。それは日蓮聖人の国体観が私を心から満足せしめた結果であるが、そのためには日蓮聖人が真に人類の思想信仰を統一すべき霊格者であることが絶対的に必要である。仏の予言の適中の妙不可思議が私の日蓮聖人信仰の根底である。難しい法門等は到底私には分かりかねる。しかるに東洋史を読んで知り得たことは、日蓮聖人が末法の最初の五百年に生まれられたものとして信じられているのであるが、実は末法以前の像法に生まれられたことが今日の歴史ではどうも正確らしい。私はこれを知った時、真に生まれてあまり経験なき大衝撃を受けた。この年代の疑問に対する他の日蓮聖人の信者の解釈を見てもどうも腑に落ちない。そこで私は日蓮聖人を人格者・先哲として尊敬しても霊格として信仰することは断然止むべきだと考えたのである。

このことに悩んでいる間に私は、本化上行（ほんげじょうぎょう）が二度出現せらるべき中の僧としての出現が、教法上のことであり観念のことであり、賢王としての出現は現実の問題であり、仏は末法の五百年を神通力をもって二種に使い分けられたとの見解に到達した。日蓮教学の先輩のご意見はどうもこれを肯定しないらしいが、私の直感、私の信仰からは、これが仏の思召にかなっていると信ずるに至ったのである。そして同時に世界の統一は仏滅後二千五百年までに完成するものとの推論に達した。そうすると軍事上の判断とはなはだ近い結論となるのである。(6)

## 杉浦晴男の受けた衝撃

杉浦がこの石原自身の説明を初めて読んだのが何時であったか正確には分かりませんが、これが書き上げられたのが、石原日記によると一九四〇年（昭和十五）の暮れで、『東亜連盟』に掲載されたのが四一年（昭和十六）の六月号ですから、その間のことであることは間違いありません。東亜連盟に対する政府の弾圧が始まり、それに引き続いて石原が予備役に編入されるという石原陣営にとっては衝撃的な事件が続く中でしたが、杉浦にとっては、石原のこの「『五五百歳二重説』の成立由来」を読んだときの方が、他の事件で受けたダメージより大きなものであったことは間違いないでしょう。というのは政府の弾圧も、石原の予備役編入も事前にある程度予測できたことですし、それは杉浦にとって精神的な苦痛を伴うものではありませんでした。ところが石原の「五五百歳二重説」の成立由来は杉浦の自尊心を根底から傷つけるものでした。

三二年（昭和七）七月、旧制一高の生徒時代、独協中学時代の恩師南部襄吉の紹介で、初めて石原と出会って以来、杉浦は石原の信奉者でした[7]。田中智学の国柱会に入ったのも、国柱会を石原流に改造するために精華会を作ったのも[8]、一高・東大というエリート・コースを自ら捨てて石原に随身したのも、浅原事件以来の政府弾圧に耐えて三九年（昭和十四）に木村武雄を代表とする東亜連盟を立ち上げ日中和平運動に挺身したのも、すべて石原からの付託に応える為でした。ですから、『東亜連盟』誌第二号に石原が「昭和維新論」を杉浦名義で発表させた時には、自らを石原の分身と考えるまでになっていたのです。

ところが石原は、「仏滅」年代という日蓮主義信仰の核心についての無知に気づいた時、その衝撃を杉浦には伝えませんでした。杉浦にとってはこのことは二重の意味で石原との距離を感じさせられることでした。第一に、「仏滅」年代が仏教界で問題になったのは三四年（昭和九）の仏教界連合の仏誕二千五百年記念行事に際してでしたから、丁度その時に「精華会」を立ち上げることになった杉浦にとって、この問題は避けて通ることの出来ない問題でした。自然の成り行きでこの問題に対する田中智学の「日蓮上人と仏年代」という論文も読まざるを得なかったと思われます。ともかく、この時点で、この問題に関する限り、杉浦の方が石原より遙かに多くの情報を持っていたのは間違いありません。当然今まで絶対的ともいえる石原追随者であった杉浦としては初めて石原の称える説を相対化して聞くことになったと思われます。第二に、「精華会」幹部の杉浦には石原の信仰を組織として支えているという自負がありました。当然、信仰の根本に関わる問題は真っ先に相談を受けてしかるべきであると考えていたと考えられます。ところが石原には、自らの信仰の命ともいえる予言に関して余人にその判断を仰ぐつもりなど露ほどもなかったのです。

杉浦にとって幸せだったのは、この石原との信仰上の距離を、あくまで石原の「戦争史大観の序説」の一部として読むことが出来たことでした。石原信奉者の杉浦にとって、やはりこの「戦争史大観の序説」として示された石原の自伝は、圧倒的な迫力をもっていました。青春時代、一高・東大というエリート・コースにこだわった杉浦にとっては[9]、むしろ出世街道に背を向けたとも思われる石原の自伝は、改めて石原の気宇の壮大さを痛感させるものでした。その点では杉浦は、東大卒業後に自らも出世コースを思い切り、石原に随身したことを後悔しないですんだと思われます。しかし、それだけに、日蓮主義信仰という石原思想の中核を担う部分で、石原の信頼を得られなかったことについての認識はこたえたと思われます。ただ杉浦にはこの点について、到底、直接に問いただす勇気はありませんでした。眼前に福島昌夫という何事にも物怖じしない人物を目にしたとき、彼に連載物を頼む誘惑を避けることは出来なかったのは頷けないことではありません。

## 編集者の謝罪文による問題解決

結局、この問題について、石原は編集者の増川が五月二十四日付の石原宛書簡で謝罪し、六月号に謝罪文を掲載するとしたことについて、その謝罪文に多少筆を加えただけで事件を落着させました。謝罪文「信仰について」の骨子は「信仰の問題は各人の根本的な重大問題であり、極めて微妙なものであるにもかかわらず、この点、前記記事の取り扱いについて編集部として確かに慎重なる心遣いを欠いていたと衷心恐縮している次第である。石原顧問の『戦争史大観の由来記』を読めば、顧問の最終戦論と日蓮聖人の予言との関係が明瞭である」ということでした。

覆面をぬいだ福島昌夫からも六月二日付で石原宛に謝罪の手紙が届きました。その中で「未だ私はかの駄文を記しました時の心を変ずるに至らない[10]」と開き直って告白していることについて、石原は返信で「私としては、私と日蓮聖人との間のことをあんな風に書かれては、如何に素人のお筆でも心苦しい極みにて、遂に抗議を申し込みたる次第に候も、私としてもあのようなことが日蓮聖人を信ぜざる人々から申さるることは十分理解せらるるところ[11]」とその態度を許容したのです。

杉浦が石原にこの件について正式に謝罪したのは六月九日付の書簡でした。「『日蓮無用論』掲載につ いては、その責め全く小生一人にこれあり。『協会内の偽信者云々』の御叱責も謹んで小生に対するものとして受納、第一歩より行学二道に励む覚悟でございます[12]」という言葉に偽りはなくても、「日蓮無用論」掲載の責任を認めたこと自体に一種の開き直りがあるとも云えます。『東亜連盟』は雷撃山人の「老骨談義」掲載を翌四三年（昭和十八）一月号まで続けているのです。

### 「日蓮無用論」の意味

杉浦晴男は精華会や東亜連盟などの活動を通じて石原莞爾の側近中の側近でした。「日蓮無用論」掲載事件はその杉浦が石原の「戦争史大観の序説」（石原の自伝）中に書かれた「五五百歳二重説」成立事情を読んで、その赤裸々な告白について行けず、ことの真偽を見極めようとして企てた事件でした。

杉浦が本当に欲しかったのは石原の信仰の真偽より、石原からの釈明の言葉であり、石原にもそのことは良く分かっていたと思われますが、石原という人は信仰に関しては嘘のつけない人でした。「五五百歳二重説」成立事情は「戦争史大観の序説」に書かれたところがそのまま石原の本音で、この段階では石原にもこれ以上の説明は出来なかったと思われます。杉浦も「日蓮無用論」執筆者の福島昌夫も、納得しないものを残しながらも『東亜連盟』にこれを掲載した無礼は謝罪せざるを得ませんでした。

しかし戦後になって杉浦が石原から離れていった背景の一つには、彼が石原の説明に納得していなかったことがあったと考えられます。石原にもそのことは痛いほど分かっていたし、それは石原にとっても負い目であったと思われます。彼が自らの死に臨んで、武田邦太郎、曺寧柱、白土菊枝の三人に、最後の力を振り絞って口述してでも『日蓮教入門』を残さざるを得なかったのはそのためであろうと考えられます。

**註**

（1）第一章第三節「『精華会』と石原莞爾」参照

（2）拙編著『東亜連盟期の石原莞爾資料』同成社、二〇〇七年、一一二～一一三頁

（3）杉浦と精華会の関係については第一章第三節「『精華会』と石原莞爾」参照

（4）前掲『東亜連盟期の石原莞爾資料』一一五頁に福島から石原宛に告白の書簡があります。

（5）前掲『東亜連盟期の石原莞爾資料』五〇頁参照

（6）石原莞爾「戦争史大観の序説」より抜粋

（7）杉浦の石原に対する傾倒ぶりを最もよく伝えているのは白土菊枝『将軍石原莞爾』です。

（8）第一章第三節「『精華会』と石原莞爾」参照

（9）杉浦は一高にこだわって浪人しています。石原に会うまでは世俗的上昇志向も強かったと思われます。

（10）前掲『東亜連盟期の石原莞爾資料』一二五～一二六頁

（11）同前、一二七頁

（12）同前、一二八頁

# 付論1　杉浦晴男の挫折に関する淵上千津からの手紙

「『精華会』と石原莞爾」と「日蓮無用論」（いずれも二〇一六年に発表）を当時まだお元気だった淵上千津女史に見せたところ、折り返し次のような趣旨の御返事がありました。私の論文の推定を補足・修正する重要な情報ですからご紹介しておきます。

（野村への挨拶の部分を除きます）

名古屋の浪寄[1]の国柱会で、まこと会[2]「若き集い[3]」の発表会があり、その席に小泉先生が杉浦さんを来賓としてお呼びになり、その時、私達「若き集い」の者たちがはじめて杉浦さんにお目にかかりました。もちろん浅井澄子さんも同様です。

小泉先生に東亜連盟のことなどを、将軍の御言葉として伝えられる杉浦さん[4]を、大変偉い本部の方とは思いましたが、まだお若く、小泉先生の方がお年上ですから[5]、私などは、その時以来、小泉先生が先生で、杉浦さんは、やはり、「さん」とお呼びする存在でした。

しかしながら、この時から、杉浦さんと澄子さんは特別な愛情をもたれられました。おふたりは急速に接近されました。どんどんお二人の関係が深まりました。一高[6]、東大の輝く杉浦さんと、名古屋財閥の才媛澄子さん。彼女は東京女子大です。それはお似合いのカップルでした。

ところが後になって振り返ってみますと、この時から、杉浦さんの、ある意味での挫折が始まっていました。すでにご存知と存じますが、私の勝手な解釈に、少しお付き合いをお願い申し上げます。

将軍は、お二人の結婚には大反対でした。その時、澄子さんには許嫁があり、応召中でした。将軍は「時を待つよう」とのお考えであったのではないかと思います。

将軍は今の世では、人は残念ですが、自分の真の「運命の人」を見分ける能力を持っていませんと仰っていられました。ですから、努力をもって、そのギャップを埋めてゆくことが必要ですと仰っていられました。それは将軍ご自身が、一度、離婚されている事実からのご意見でしょうが。

何にしても、杉浦さんは、この時、初めて将軍の御言葉にそむかれたのだと存じます。若い杉浦さんは澄子さんを信じ、同志結婚の成果を固く信じていられたと思います。

杉浦さんが澄子さんとの結婚を急がれたのには、もう一つの理由があります。

将軍のすべてを伝えたいと一心に通っていた杉浦さんと小泉先生との間には、何時しか微妙な男女の感情が育っていました。年上の小泉先生は美しい人妻で、感性も才能も豊かで、長男の死を肯定すべく、一途に法華経を信じ、国柱会「若き集い」を率いて脇目も振らない小泉先生は、杉浦さんを通して届く将軍の一語一語を忽ち吸収、信解され、自らの中に法華経の女人成仏の龍女の自覚を持たれていました。

小泉先生はやがて杉浦さんの背後にいられる将軍に惹かれてゆかれる小泉先生との間に、すきま風が入ってくるのを感じていられたと存じます。その隙間に澄子さんとの接近があったのでしょう。

将軍への背信を、澄子さんとの成果で飾り、同志結婚の霊力を以て挽回すべく、又、その自信も杉浦さんにはあったと思います。

しかし、世間の目から見れば申し分ないような澄子さんとの結婚でしたが、これは大変な結果になりました。

当時の戦争末期から戦後の生活は、申すまでもなく惨憺たるものでした。その生活は、財閥の温床でぬくぬくと育った澄子さんには、とても耐えられるものではありませんでした。東亜連盟の仲間（本部員など）も、一生で一番つらい生活に耐えていましたが、澄子さんはご家族の反対を押し切っての結婚ですから大変で、それに耐える覚悟も想像のつかないもの、離婚しても帰る家がないのですから、常に一族に頭を下げて援助を受けていられた由。他の同志はそれに耐えていましたが、彼女はその様なわけにはいきません。

石にかじりついても耐える他の同志達からみれば、それは恵まれていました。その生活の中に杉浦さんは荒れました。実家の助けに安易にすがるのが許せないのか。殴る蹴る叩くの暴行で、澄子さんはやがて片方だけですが失明しました。杉浦さんの死後、彼女が『銀花』に書いたものには、その時のご自分を責めた文章が載っていましたが、これはとても良い文章でした。

その後、澄子さんはよく私に電話をかけてくれました。しかしそれは豊かだった昔語りをする相手がいないのでかけてくる電話でした。聴いてあげるととても嬉しそうでした。

おそらく杉浦さんには最後まで挫折感が残っていたと思います。

小泉先生は離婚、白土先生に戻られ、その後日談もいろいろ考えさせられますが、人は肉体を持ち煩悩を持っていますから、曰く言い難い物語をいっぱい身にまとっています。史記外伝ではありませんが、□□はいっぱいあります。でも歴史はどこまで立ち入ってかきのこすべきか。小説のベールを着せるべきか。など考えてしまいます。

以上が淵上千津の手紙の主要部分です。私の論文の主旨が、杉浦の挫折原因を、石原の「五五百歳二重説」に対する杉浦の疑念にあるとしたのに対する修正であろうと思います。淵上千津や私が「杉浦の挫折」と言っているのは、杉浦が、石原没後、対外的に一切、石原のことを語らなかったことを指しています。

## 杉浦晴男は何故、挫折したのか

淵上千津の伝える杉浦晴男の結婚のいきさつは、小泉（白土）菊枝の弟子筋の間ではかなり流布された話だったらしく、他からも同様の話をきいたことがあります。しかしこれは石原資料の語る事実とは少し違います。

杉浦晴男が浅井澄子と結婚したのは一九四三年（昭和十八）一月で、彼はそのことを二月十七日付の封緘葉書で石原に報告しています。

> 私事ながら二十八日結婚　鷺宮に借家し　両親の許には弟夫婦及び　幼児来たり、暫く両親の許を離れて心耳を澄まし、合掌　以て新生活を展開致します　事の成否は大いにかかって我が一念にあるを思い　断崖の上に起って仏天を仰ぐの感　禁じ得ません[7]

このことは、杉浦が、結婚については、石原に何ら知らせることもなく、まして相談などしたことはなかったことを物語っています。杉浦にとって結婚はあくまで「私事」であり、誰かの許可が必要などとは思いもしないという姿勢です。確かに、結婚は

「私事」であり、成人して独立の生計を営む大人が、事前に誰かの許可を受けなければならぬような問題ではありません。しかし小泉（白土）の弟子である浅井澄子のことは石原も知っているし、まして出征中の許嫁があるとすれば、その人との結婚を石原がどのように考えるかが判らなかったはずはありません。

ですから「将軍は、お二人の結婚には大反対でした」という淵上千津の捉え方は全くの間違いではありませんが、「杉浦さんは、この時、初めて将軍

石原に按摩を施す淵上千津

（『永久平和の使徒石原莞爾』冬青社、1996年より）

の御言葉にそむかれたのだと存じます」というのは言い過ぎで、杉浦は決してあからさまに石原の言葉に背いたわけではありません。むしろ、はっきり背いたのなら杉浦に挫折感は残らなかったでしょう。杉浦は、石原の反対を判っていながら黙って結婚し、「私事」を口実に事後報告し、結果で成果を問うという形をとったのです。

その結果についても、一般的な基準で考えれば、杉浦達の結婚は決して失敗だったとは言えないと思われます。それが杉浦にとって挫折感を伴ったのは、むしろ杉浦が石原の生活規範から逃れられなかったことを物語っています。

問題を鮮明にするために、時系列に従って考えてみましょう。

一九三九年（昭和一四）
一月三〇日　石原　仏滅年代の疑惑に驚愕
七月二二日　石原、「昭和維新論」を口述
一一月　『東亜連盟』第二号「昭和維新論」を杉浦の名前で発表
この頃　小泉菊枝、石原夫妻から東亜連盟への参加を求められる
一九四〇年（昭和一五）
一月二日　石原　京都黎明会館の「精華会」講演「序の時代」
一九四一年（昭和一六）
三月　石原　予備役編入
六月　『東亜連盟』六月号に「戦争史大観の序説」発表。五五百年二重説
一九四二年（昭和一七）
五月　『東亜連盟』六月号に「日蓮無用論」
一九四三年（昭和一八）
一月二八日　杉浦、浅井澄子と結婚

杉浦にとっては、『東亜連盟』第二号に「昭和維新論」が彼の名前で発表された時が、最高の時であったと思われますが、実はそれより十ヶ月近く前に石原は仏滅年代の疑問を抱えており、その疑問を杉浦に尋ねることはもちろん知らせることもなかったのです。その間、石原は、一時は日蓮信仰を止めるかというほどにも悩みながら、石原の側近中の側近と信じ、特に信仰に関しては、国柱会の中に精華会という石原の代弁組織まで創った杉浦に何ら問い合わせることも、諮ることもないままに、五五百歳二重説にいたりつくという経過を辿っていたのです。石原にとって杉浦とはその程度の存在でしかなかったのでしょうか。

その挫折感の中でも杉浦は、自分の青春の総てをかけた石原を捨てることは出来ませんでした。杉浦が出来たのは、せいぜいが福島昌夫に「日蓮無用論」を書かせ、浅井澄子と無断で結婚することくらいしか鬱憤を晴らすことは出来ませんでした。そうした中で、彼は石原の側近中の側近としての自信と誇りを失ってゆくのです。しかも、澄子との結婚は、石原の価値観から考えれば、決して成果を誇れるようなものではありませんでした。

杉浦が、石原莞爾の死後、石原のことを一切口にしなかったのは、彼の青春を燃やし尽くした石原との日々が、誰とも共有しようのない高揚感にあふれたものであっただけに、それが幻想に過ぎなかったという挫折感は到底人に語れるようなものではなかったのであろうと思われます。

東亜連盟運動は戦後にこそ行われるべき運動だったにも拘わらず、戦後も比較的早い段階に分裂し、つぶれていった原因の一つには、杉浦の離脱もあるように思われます。運動の初期における杉浦の調整力は、とかく圭角のある人物の多い集団の中では抜群のものがあったと思われるだけに惜しまれるものであったという感慨をまぬがれないのです。

## 註

（1）名古屋市の町名。
（2）国柱会の若い女性達が作った研究会。白土菊枝『将軍石原莞爾』九二頁
（3）白土菊枝の影響下にあった若い人々の集まり。
（4）前掲白土菊枝『将軍石原莞爾』九一〜一〇二頁には杉浦が夢中になって石原のことを紹介した様子が描かれています。
（5）小泉（白土）は一九〇四年生まれ、杉浦は一九一〇年生まれだから小泉が六歳年長。
（6）旧制の高等学校は、生徒数が旧制の帝国大学学生定員にほぼ見合う数に押さえられていて、高校に入れば帝国大学進学は保障されていました。中でも第一高等学校はエリート中のエリートとして尊敬されていました。
（7）拙編著『東亜連盟期の石原莞爾資料』同成社、二〇〇七年、二〇八頁

# 第三章　石原莞爾と昭和天皇

# 第一節　石原莞爾と昭和天皇

石原莞爾の思想は「日蓮主義」と「社会主義」と「最終戦争論」との三つから成り立っていました。それらは、日露戦争勝利への疑問、ロシア革命への対応、アメリカの軍事的脅威などに対抗するため、主として軍事面から形成されたものでした。彼個人の思想的次元では、それなりの整合性を持って統一されていましたが、軍事的には天才的なひらめきの部分があり、特に「最終戦争論」などは原爆やＩＣＢＭ等のように、現実に完成するまでは単なる空想的未来予測でしかありませんでした。

また農村問題の解決策としての社会主義的思想などを、日本陸軍としては、当時の徴兵制度を脅かしていた地主制度に対する批判[1]から生まれたもので、戦後の占領軍による農地改革が行われるまでは、生産手段に対する私的所有権を全面的に否定する危険思想と見なされる側面を持っていました。したがって、それが満州事変のような現実の軍事に適用されると、一般の人々の理解を得られず、極めて深刻な思想的対立を生み出しました。その典型が昭和天皇との関係でした。

## 二・二六事件

石原莞爾と昭和天皇の関係の核心は、二・二六事件に集約的に表れています。二・二六事件について昭和天皇は次のように言っています。

当時、叛軍に対して討伐命令を出したが、それについては、町田忠治を思い出す。町田は大蔵大臣であったが、金融方面の悪影響を非常に心配して断然たる処置を採らねばパニックが起こると忠告してくれたので、強硬に討伐命令を出す事が出来た。大体、討伐命令は戒厳令とも関連があるので軍系統限りでは出せない。政府との了解が必要であるが、当時、岡田［啓介・首相］の所在が不明なのと、且又、陸軍省の態度が手ぬるかったので、私から厳命を下した訳である。……参謀本部の石原莞爾からも、町尻武官を通じ討伐命令を出して頂きたいと云ってきた。一体、石原という人間はどんな人間なのかよく分からない。満州事件の張本人でありながら、この時の態度は正当なものであった[2]

それに対して石原は次のように言っています。

二・二六事件では確かに戒厳参謀として、わしが反乱軍討伐の命令を起草した。天皇陛下ご自身の意志が明確に示された以上、致しかたがなかった。だが収拾の手はいくらでもあったはずだ。陸軍大臣や軍事参議官たちが、一命を賭して陸軍の収拾方針を奏上すべきであった。大将連は陛下のお怒りの言葉に腰を抜かしてしまったのだ。中国の諺に「君側に争臣なくば国亡ぶ」という言葉があるが、今後いかなる大事が起こるか分からない時、まことに寒心の至りだ……。それにしても、若い有為の青年たちを多く失ったものだ。惜しい……[3]

二・二六事件について天皇と石原とは全く逆の立場であったことが分かります。天皇は金融方面への悪影響を考えて討伐命令を出したのに対して、石原は天皇の意向に添うためやむを得ず討伐命令を起草したのです。その点、「満州事件の張本人でありながら、この時の態度は正当なものであった」として、「石原という人間はどんな人間なのかよく分からない」と云っている天皇の洞察力はさすがだと思われます。石原は直接、二・二六事件には拘わらず、むしろ討伐側の中心人物となりましたが、本来は、満州事変も二・二六事件も「昭和維新」として推進する立場でした。

### 昭和天皇への御進講

一九三六年（昭和十一）三月二十三日、陸軍では二・二六事件関係者の処分に伴う人事異動が行われ、杉山元が参謀次長を免ぜられ、西尾寿造が後任となりました。参謀次長は宮内省御用掛を兼務することになっており、この時から西尾は宮内省御用掛として軍務、特に軍事史について天皇に対する御進講を受け持つことになりました。陸大教官として石原に接して以来、石原の見識に惚れ込んでいた西尾は、天皇への御進講に石原の軍事史を使うことに迷いはありませんでした。石原も喜んでそれを受け入れ、案文作成を作戦課の業務としました。

「欧州ニ於ケル戦争発達史」と題する御進講は三六年（昭和十一）十一月から翌年三月まで七回にわたって行われました。それがどのように受け取られたかは憶測する以外ありませんが、フリードリッヒ大王の生涯の事跡に托して石原が天皇に伝えたかったことは次のようなことでした。

> 運命ハ座シテ来ルヲ待ツモ来ラズ　進ンデ之ヲ打開スルノ要アリ　大王ハ其祖国愛ト意志トニヨリ克ク運命ヲ開拓セルモノナリ　大王ハ平和ヲ好メリ　又極力平和ヲ維持スベク努力セリ　然レドモ祖国ノタメ　敢テ一戦避クベカラズト洞察スルニ至ルヤ　敢然トシテ戦争ヲ決心シ断固トシテ立テリ　是マタ大王ノ偉大ナル所以ナリ[4]

石原が天皇に期待するところが、特定の政策ではなく、平和のためであれ、戦争のためであれ、避けることの出来ない場合には、敢然とその対策を決断できる人物像であったことが判ります。

## 日中戦争勃発に際して

日中戦争勃発にあたっての天皇と石原莞爾の態度は際どいところで決定的に異なりました。これについては『昭和天皇独白録』がかなり率直に語っていますので聴いてみましょう。微妙な言い回しがありますので、長いのをいとわず引用します。

十二年の初夏の頃、北支における日支間の対立は愈々先鋭化し、宋子文支配下の税警団が天津を包囲した。この軍隊は名は税警団に過ぎないが、その実、新式武装を施した精鋭な宋家一家の私兵的なものである。日支関係は正に一触即発の状況にあったから私は何とかして、蔣介石と妥協しようと思い、杉山陸軍大臣と閑院宮参謀総長を呼んだ。[5]……若し陸軍の意見が私と同じであるならば、近衛に話して、蔣介石と妥協させる考えであった。これは満州は田舎であるから事件が起こっても大した事はないが、天津北京で起こると必ず英米の干渉がひどくなり彼我衝突の怖れがあると思ったからである。

当時参謀本部は石原莞爾が采配を振るっていた。参謀総長と陸軍大臣の将来の見通しは、天津で一撃を加えれば事件は一ヶ月内に終わるというのであった。これで暗に私の意見とは違っている事が判ったので妥協の事は言い出さなかった。

かかる危機に際して盧溝橋事件が起こったのである。これは支那の方から、仕掛けたとは思わぬ。つまらぬ争いから起こったものと思う。

そのうちに事件は上海に飛び火した。近衛は不拡大方針を主張していたが私は上海に飛び火した以上、拡大防止は困難と思った。当時、上海の我が陸軍兵力は甚だ手薄であった。ソ連を怖れて兵力を上海に割くことを嫌っていたのだ。湯浅内大臣から聞いた所によると、石原は当初陸軍が上海に二ヶ師団しか出さぬのは政府が止めたからだと云ったそうだが、その実、石原が止めていたのだそうだ。二ヶ師では上海は悲惨な目に遭うと思ったので、私は盛んに兵力の増加を督促したが、石原はやはりソ連を恐れて満足な兵力を送らぬ[6]

戦後の証言ですから、「私は盛んに兵力の増加を督促した」という発言の裏には、この判断は敗戦後になっても間違っていなかったという天皇の自負がうかがえると思います。「上海に飛び火した以上、拡大防止は困難と思った」としか言っていませんが、天皇のこうした判断を支えたのは海軍でした。

## 石原はなぜ戦火の拡大を阻止出来なかったのか

戦火が華北に限られていた間は、事変不拡大に協力的であったのに、上海に飛び火するとにわかに陸兵の出兵をやかましく言い立てるようになったのは海軍でした。米内海相が上海方面への陸軍の派兵の必要を上奏したのは八月十三日です。天皇はそれにつられたのです。ただ、陸軍でも本格的に戦火拡大に反対していたのは石原と彼を取り巻く少数のものに限られていたのは事実ですが、何と言っても石原は参謀本部の第一部長であり、陸軍の出兵に関してはその責任者でした。彼は、七月三十一日には閑院宮参謀総長に帯同して天皇に拝謁し、日本陸軍の兵力からいって、「保定の線」が「進軍限度」だということを切言[7]してもいたのです。参謀本部を代表する石原の「進軍限度」を根拠にした不拡大路線が崩されたのは米内海相の上奏からでした。陸軍の出兵について米内海相の進言が採用された時、石原は参謀本部第一部長を辞任する以外抵抗する術を知りませんでした。石原は敗北し、同時に日本も「敗戦」への径を歩み始めたのです。

## 天皇はなぜ海軍の進言の方を重視したのか

加藤陽子東大教授などは天皇が海軍に対する信頼を確かなものにしたのは二・二六事件の時であると言っています。ただ、二・二六事件だけに関しては石原も討伐の中心人物でした。しかし天皇は石原を信頼していません。それはやはり満州事変の首謀者であったからでしょう。確かに満州事変と二・二六事件は石原にとっては同じ「昭和維新」でしたし、その点、天皇の疑念は鋭いのです。ここで「昭和維新」を必要とした陸軍の立場を簡単に見ておきましょう。

「禍福はあざなえる縄のごとし」と言いますが、日露戦争の勝利は日本に栄光と共に禍の種をもたらしました。その最たるものが陸海軍の戦略目標の分裂でした。

陸軍の勝利については石原が「ロシアがもう少し頑張っていたら、日本の勝利は危なかったのではないか」と言っています。これは何も石原に限らず、少しでも日本陸軍のおかれた立場を真剣に考える者にとっては避けることが出来ない重圧でしたから、陸軍はロシアのリベンジに神経質にならざるを得ませんでした。それに対してバルチック艦隊を壊滅させた海軍は、ロシアに対しては戦略的配慮を全く必要としませんでした。

日露戦争の戦利品として日本がロシアから引き継いだ満蒙権益も陸軍の負担でした。しかもこの地域は辛亥革命以後、中国革命の影響を強く受けましたし、第一次大戦後は中国による権益回収運動と九ヵ国条約による現状維持の板挟みに苦しむことになります。

陸軍の基盤が徴兵制度であったことも「昭和維新」の動機の一つとなりました。明治維新の地租改正によって確立された地主制度は、小作の耕作権よりも地主の所有権を尊重する制度でしたから、小作が兵役に採られると、採算重視の地主から耕作権を取り上げられるようなことが起こりました[8]。これは徴兵制度の根幹をゆるがす事態でしたから、陸軍は組織として農村問題に敏感にならざるを得ませんでした。これに対して海軍は志願制でしたからそうした矛盾からもまぬがれていました。

ただ、以上のような陸軍の持っていた基本的矛盾は、陸軍という巨大組織にあっては容易に共通認識とはなり得ず、危機認識も人によって差がありましたから石原の「昭和維新」を基本戦略とした内外政策は、陸軍内部においても多数派を期待することが困難でした。また、そこにこそ石原の「聡明な天皇」に対する期待もあったわけですし、逆に、建前としては立憲君主という無責任体制の枠内に留まりたい天皇の石原に対する疑念もそこにあったのです。

## 戦後の地方御巡幸

敗戦は巨大陸軍を壊滅させると共に、陸軍が、いや日本国家そのものが抱えていた矛盾を一挙に解決する絶好の機会でもありました。石原が「敗戦は神意なり」と言ったのは、敗戦が、むしろ「昭和維新」の障害物を取り除いてくれたからです。

国体護持によって敗戦による社会の混乱を最低限におさえ、連合国の要求する大改革にいさぎよく応ずるというのが戦後に於ける石原の最も基本的な戦略でした。

その国体護持の要請に、天皇の側から積極的に応えたのが地方御巡幸でした。これは明らかに明治天皇が、全国津々浦々に天皇の威令を浸透させるため、明治五年から同十八年にかけて行った御巡幸の成功例にあやかろうとしたものと思われます。しかし明治維新の時と違い、一方においては連合国による軍事法廷で戦争犯罪人の裁判が行われている最中

1947年８月　庄内地方で稲穂の出具合を視察する昭和天皇

（毎日新聞社提供）

でしたから、開戦の最高責任者であった天皇としては、かなり大胆な行動とも言えるものでした。

一九四六年（昭和二一）二月の神奈川県から始まった御巡幸を石原は四七年（昭和二二）八月十五日に山形県飽海郡吹浦の地で迎えました。二年目の終戦記念日でしたが、天皇にはこの地に石原のいることの認識はあったと思われますし、酒田法廷における態度の見事さなども聞こえていた可能性があります。

石原は、武田邦太郎等が自発的に奉迎を申し出たことを非常に喜び、帰宅するのを待ちかねてご様子を尋ねました。武田には、東條などを重用されたことへの怨念がありましたから、「闇浮第一の大難にあわれているようなお顔付きでした」と報告したところ、黙ってはいるが胡座にくんだ膝を震わせている様子から石原の不興を察知した武田は早々に退散したと言います。

この日の石原日記には「午前十一時二十分、陛下御通御奉迎出来ズ」とあるだけですが、ここには全国津々浦々を巡幸して、積極的に国体護持を図ろうとした昭和天皇の知恵と勇気に対する石原の賞賛の気持ちが表れているように思われます。

註

（1）明治政府は土地制度の改革で、地主を納税者としましたが、地主はそれによって、小作から小作地の返還を要求出来るようになりました。小作が徴兵で兵役に採られると、地主は小作から耕作権を取り上げるようなことが現実に起こり、そのことは陸軍の根幹である徴兵制度を直接脅かしたのです。

（2）『昭和天皇独白録』文藝春秋社、一九九一年、三二頁

（3）奥田鑛一郎『師団長石原莞爾』芙蓉書房、昭和五九年、二二頁

（4）角田順編『石原莞爾資料・戦争史論』原書房、昭和四三年、四八頁

（5）『昭和天皇実録』第七、東京書籍、二〇一六年によると、これは七月二日のことである。

(6) 前掲『昭和天皇独白録』三七頁
(7) 前掲『昭和天皇実録』第七、三八五頁
(8) ただ地租改正による変革と言っても、農村の変化はスピードが遅く、それが現実の政治問題となったのは第一次大戦後の小作争議の時期になりました。

## 第二節　石原派軍人の悲劇

石原莞爾は軍閥や学閥などのような派閥を嫌っていましたから自らが派閥的な組織を作ることはありませんでした。しかし、なにぶんにも好悪の激しい人物でしたから、彼に好かれた人物は彼に傾倒し、嫌われた人物は反感を抱き、そこに自ずから派閥的なものが形成されるのを免れることは出来ませんでした。その上、石原は目上の人物に厳しい視線を持ち、目下の者には比較的寛容だったので、上司に反感や敵意を持つ者が多く、部下や若い者に好意を寄せる者が多かったのも事実でした。

この石原派の軍人と天皇の関係はどうであったか。五・一五事件とか二・二六事件関係者は皇道派や北一輝との関係が深いので必ずしも石原派の軍人とはいえませんが、相沢三郎のように石原に軍法会議の弁護人を依頼してきた例もありますから、心情的には石原派に近かったと目して良いでしょう。この人々を典型として、一体に石原派の軍人と天皇との関係は悲劇的なほど最悪なものでした。

戦前の軍人ですから天皇に対する忠誠心においては彼らも人後に落ちるものではありませんでした。しかし彼らは同時に石原や北の信奉者でもありましたから、彼らの抱く天皇像と石原や北の主張が異なったらどうなるかは五・一五事件とか二・二六事件が物語る通りです。もちろん反乱というのは極端な場合ですから、普通はそこまでは行きませんが、天皇の側から見れば、反乱に類した行動は、許しがたい忌まわしいものとなります。

日中戦争開戦時の参謀次長であった多田駿の場合がそうでした。この当時、参謀総長は閑院宮でしたから、参謀本部を実質代表しているのは参謀次長でした。彼は石原から託されたトラウトマン工作を成功させることに責任を感じていました。

日中戦争の大きな特長は、「戦争の遂行と和平への努力が、ほぼ全期間を通しほとんど常に並行して行われていたことにある」[1]といわれますが、その全期間を通じて、「国民政府の最高指導者、蒋介石まで日本側の意図が確実に伝達され、国民政府もある程度の積極性を示した唯一のもの」[2]と言われるのがトラウトマン工作でした。多田駿がこの工作継続にこだわったのは間違ってはいなかったのです。

しかし戦争は一旦始まってしまうと双方共に勝敗にこだわりが生じ、特に戦局が有利に展開し始めると勢いがついて冷静に講和条件を考えることが難しくなります。トラウトマン工作が本格的に進展し始めたのは十二月になってからでしたが、その十三日に南京が陥落したことが日本側の講和条件を格段に厳しくしました。中国側はその直前に重慶に遷都しましたが、南京は何と云っても従来の首都です。日本側に戦勝気分が生まれ、講和条件を加重したばかりか、交渉期限をなるべく短くしようとしました。多田駿を旗頭に和平派はその趨勢にあらがったのです。

しかし和平派の抵抗も、政府側の打ち切り案を、翌年一月十五日まで延長させたのが限界でした。政府側が交渉打ち切りのために打った手が和平派の天皇利用を際立たせることになりました。多田は日露戦争以来、開催されたことのなかった御前会議を要求し、政府側もやむなくそれを受け入れましたが、天皇に対しては、あらかじめ、「会議の処理は内閣総理大臣が当たること、及び天皇には御臨席のみにて御発言のないことを願う」という要請を行っていました[3]から、和平派が狙った御聖断による決着というシナリオは崩れ、むしろ中国側が受け入れなかった場合には、蔣介石政権の存続を否定するという、逆の筋書きが動き出すことになりました。そこで運命の一月十五日を迎えることになります。

この日、一九三八年（昭和十三）一月十五日、大本営政府連絡会議が首相官邸で開かれました。日中戦争の泥沼化を最終的に決定づけたこの日の会議の詳しい模様については既に幾多の書物で語り尽くされていることですから、今ここでそれを中途半端に繰り返すことは無意味でしょう。ただ、この日の出席者の顔ぶれと、会議の決定打となった言葉だけは確認しておく必要があります。出席者は近衛総理、広田外相、杉山陸相、米内海相、閑院宮参謀総長、伏見宮軍令部総長、多田参謀次長、古賀軍令部次長の外、幹事としての町田・井上という陸海両軍務局長という顔ぶれでした。

工作打ち切りを決めていた政府側は、会議の冒頭に広田外相がこれまでの経緯を説明し、中国側の回答には誠意が認められないとの判断を述べました。これに対し多田参謀次長は、そのように決めつけるのは早計であると反論し、交渉打ち切りによって長期持久戦に陥った場合の日本側の困難を訴えました。会議は中国側に誠意があるかないかの水掛け論になり、結論を得ぬままに、昼食の休憩を挟んで、午后も三時から五時頃まで延々と続けられましたが決着がつきませんでした。

やりとりの中で広田外相が「長き外交官生活の経験に照らし、支那側の応酬ぶりは和平解決の誠意なきこと明瞭なり。参謀次長は外務大臣を信用せざるか」と迫り、米内海相が「政府は外務大臣を信頼す。統帥部が外務大臣を信用せぬは同時に政府不信任なり。政府は辞職の外なし」とまで極言しましたが、多田参謀次長は「内閣は総辞職で片づくも軍部には辞職なく、陛下に御辞職なし」と応じたことが知られています。しかしその間、交渉継続を訴えたのは多田参謀次長一人だったのです。

午后五時頃、再度休憩となった時、さすがに陸軍側の幹事役だった町尻軍務局長が多田に対する説得役を引き受け、最終的に多田の譲歩を引き出したということです。それでも多田は最後まで、交渉打ち切りに同意せず、ただ、これ以上反対もしないというに留まったといいます。[4]

政府が「国民政府を相手にせず」と言う悪名高い声明を出したのはその翌日のことでした。

以上のことは既に良く知られたことで、今更、取り立てて言ってみても仕方ないことですが、改めて極めて遺憾に思うのは、これが石原派軍人に対する天皇の評価に及ぼした決定的な悪印象です。

日本は序列重視のタテ社会であると共に、社会的合意に対しては異義を許さないコンセンサス重視社会です。その象徴が天皇というわけですから、多田駿のような大本営政府連絡会議のように重要な国策決定の会議で、たった一人で異義申し立てを貫き通した軍人が天皇にどのように思われたかは推して知るべきです。

一九三九年（昭和十四）夏の政変で平沼内閣が倒れ、阿部内閣が成立する時、板垣陸相は何と、陸軍三長官推薦という形をとって多田駿を次の陸相に押したのです。それについては昭和天皇から直に聴きましょう。

阿部［信行］内閣の成立には軍部大臣の選定が一番大きな問題であった。当時新聞では陸相候補として磯谷［廉介］中将外一名が出ていた。この両名では又日独同盟をもり返す怖れがあるし、又当時政治的に策動していた板垣系の有末［誠三］軍務課長を追い払う必要があったので、私は梅津［美治郎］又は侍従武官の畑［俊六］を陸相に据えることを阿部に命じた[5]

多田については名前を出すのも厭わしいということなのでしょう。仮にも陸軍大将であり、参謀次長時代にはかなりの頻度で直接会って話も聞いているのです。その人物の名を思い起こすことすらいとわしいほどの悪印象をもたれたことは石原派軍人にとっては致命的であったと思われます。

多田の陸相人事が天皇の拒否で流れた後、石原から慰労の手紙をもらった飯沼守は、返信で、この「一年間の人事は悉く失敗」と失意の気持ちを伝えました。人事局長として、この人事に直接かかわった飯沼には、やはりこの人事失敗の背景には、石原の平素の言動が天皇に与えていた悪印象があると思われたのであろうと考えられます。「大兄と良きが故に適所に使用し得ず、兎角の故障の出たるは事実」として「大兄におかれても大局よりみて多少工夫せられて然るべき点あらずや」と反省を求めたのです。[6]

**註**

（1）戸部良一『ピース・フィーラー』論創社、一九九一年、二頁

（2）藤井昇三「トラウトマン工作」『日本外交史辞典』山川出版社、一九九二年

（3）『昭和天皇実録』七、四九五頁

（4）前掲戸部良一『ピース・フィーラー』一〇〇～一〇九頁

（5）『昭和天皇独白録』文芸春秋、一九九一年、四五頁

（6）拙編著『東亜連盟期の石原莞爾資料』同成社、二〇〇七年、三頁

# 第三節　石原莞爾の永久平和論
## ——敗戦は神意なり——

### はじめに—世界の現状と石原の予言

ソ連が崩壊して以来、社会主義はすっかり魅力を失い、中華人民共和国や朝鮮民主主義人民共和国（北朝鮮）、ベトナム、キューバのように今なお社会主義を国家の指標として掲げている国々に対する評価も芳しいものではありません。資本主義が自信を取り戻すとともに人類は未来に対する明確な設計図を描く自信を失っているように思われます。地球上のほとんどあらゆる地点がネットで結ばれ、交通も産業も世界の一体化が急速に進む一方、地球温暖化や避難民問題等、緊急に解決を要する問題が山積しているにかかわらず、政治経済の世界は、むしろ分裂と対立が激化し人類を迷走させています。

今年（二〇一九年）は石原莞爾の生誕一三〇年、没後七〇年に当たり、彼が「最終戦争論」を発表してからでもほぼ一世紀の時が流れました。石原は人類が二〇世紀の終わり頃までに「最終戦争」と呼ばれるような大戦争をして統一され、永久平和の時代が来ると予言していたのです。その予言は外れたのでしょうか。しかし見方を変えて、石原の予言が「最終戦争」そのものより、「最終戦争時代」を意味するとすれば、現在は「夜明け前」の最も暗い時期だともいえるのです。

石原には何万とも何十万ともいわれる信奉者がいましたし、現在でも彼を渇仰する人間は数多くいます。しかし石原本人は「あの連中はただ寄ってくるだけで最終戦争などわかっていないのだ」と言っていましたし[1]、事実、戦中・戦後の石原信奉者達の行動[2]や彼等の分裂抗争をみると、到底、石原が理解されているとは考えられません。石原に対する誤解は石原研究者の間にも見られます。代表例が桂川光正で、彼は晩年の石原は思想的に衰えたと言い[3]、同様の誤解は石原研究の代表的傑作と言われるピーティの論文にも顕著に表れています[4]。真相はまったく逆で、石原の思想はむしろ晩年に輝いたのであり、彼が最晩年まで理論の完成に精進し続けたことは『新日本の進路』『日蓮教入門』の完成が彼の死の直前であったことに象徴されています。

石原の生涯は単純なサクセスストーリーではありませんから理解しづらいところがあるのはやむをえませんが、少なくとも彼は満州事変によって一九三〇年代以後の東アジア情勢を決定的に変えた人ですから彼の真意を正確に知ることなしには東アジアの近代史を語ることは出来ません。

本稿は石原が日蓮主義者であるとともに社会主義を修正した統制主義者であり、彼の「最終戦争論」の本質も「統制主義革命論」であり、「満州事変」はその革命の第一歩であったと主張するものです。統制主義は戦争原因を資本主義とみている点では社会主義と同様ですから統制主義革命が成功すれば戦争は消滅すると考えるのです。石原の「統制主義」が社会主義や共産主義と違うのは、思想の根底に「王道論＝慈愛による政治＝国体論」があることで[5]、その点、彼が、戦時中、「天皇共産党」と呼ばれた[6]こともあながち的外れではないように思われます。そのこととの関連で、石原思想は戦後の日本の再建にも大きな足跡を残しているのです。

## Ⅰ　石原莞爾という人格がどのようにして生まれたのか（明治維新後の庄内が生んだ強烈な個性とその思想的原点）

石原は十九世紀の終わりから二十世紀前半を生きた陸軍軍人でした。「勇将の下に弱卒なし」を地で行く存在で、部下からは心の底から慕われる魅力的な人物でしたが、上官や同僚からは、そのあまりにも辛辣な毒舌のために嫌われるか、嫌われないまでも敬遠されるという側面を持っていました。

そのような強烈な個性は、彼の生地、山形県庄内地方に明治維新後も強く残った封建遺制と、石原の少年時代、この地方に激しく燃え上がった自由民権運動との激突が生み出したものと思われます。「天は人の上に人を造らず」など民権運動のスローガンを全身にあびて育った莞爾少年の目には、封建遺制にとらわれた警察官僚としての父親の姿は意気地なしの反面教師以外の何ものでもなく、それは石原の生涯を貫くトラウマになっていました。[7] 毒舌に象徴される強烈な個性はそのトラウマのしからしむるものであったと思われますが、同時にそれが彼の社会変革のエネルギー源でもあったと考えられます。

多感な石原莞爾にはその「思想的原点」と思われるものが少なくとも三つありますが、「王道」はその第一に当たるものと考えられます。明治維新に官軍として進駐した西郷隆盛が残した『南州翁遺訓』は、庄内の人々には眼前に展開された史実として脳裏に深く刻み込まれたのです。「王道」はその核心で、石原がその強烈な性癖から不必要と思われる敵を作り出しながらも、彼を渇仰するす数多くの信奉者を持ったのは、天性の明るさとユーモアもさることながら、「王道」を「思想的原点」としているからでもあるのです。

### 陸軍の序列主義教育への反撥

陸軍の序列主義的教育への反発も、彼の性癖を助長したと考えられます。陸軍の幹部養成学校としては幼年学校、士官学校、大学校がありましたが、大学校以外は寄宿舎生活でした。起床から消灯まで徹底して管理された中で教官達から与えられたかなりハードな、しかも画一的な課題で成績を競わせ序列をつけるという教育でした。その序列主義が二等兵から大将にいたる位階と、勲八等から大勲位にいたる勲等に結びつけられて、上意下達の命令には忠実に従うが、非常事態で命令系統に乱れが生じると適切な判断力を失う、視野の狭い軍人社会を形成していたのです。

序列主義という点では、将帥を育てる大学校も例外ではなく、むしろその頂点にあったといってよい存在でした。しかも大学校は軍人としての出世コース最大の難関で、受験には士官学校の成績の外に所属連隊長の推薦が必要でした。試験科目は初級戦術、陣中要務、応用戦術、築城、兵器、地形及び交通、軍制、外国語、数学の九科目で初審と再審がありました。所属師団司令部で行われた初審は筆記試験で、一科目三時間ないし三時間半の解答時間が与えられ、五日間にわたって行われました。再審は採用人員のほぼ二倍の初審合格者が東京青山の大学校に集められ、初級戦術、陣中要務、応用戦術については概ね五人の、補助学及び普通学については概ね二人の試験官による口頭試問が、併せて九日間に渉って行われました。こうした厳しい試験に合格するには、受験者に対する所属連隊長は勿論、周囲、特に先輩筋からの暖かい支援が必須の条件と考えられていました。こうした条件は所属連隊長や上司にとっては生きのいい青年将校の頭を押さえる恰好の条件でしたが、そのことを嫌った石原は自分からは大学校受験を希望せず、したがって連隊長や周囲からの支援を何ら受けることなく、逆に連隊長命令で無理矢理に受験させられ、しかも一発合格して周囲から驚歎されました(8)。

## 戦争と革命と軍事的重圧を受けて

しかし何といっても軍人としての石原にとって第二の「思想的原点」になったのは日露戦争であり、解決を要する課題は日露戦後に顕著となった内外の矛盾、特に列強の植民地であった東アジアの貧困と民族紛争、仮想敵となったロシアやアメリカからの軍事的重圧でした。

多感な幼年学校時代に体験した日露戦争では、海軍と陸軍で事情が全く異なりました。国際世論の支持を背景にバルチック艦隊を撃破、完勝した海軍の勝利はそのまま「国民の体験」となりましたが、困難を極めた旅順攻略や奉天会戦など甚大な被害を受けて進軍限度に直面した陸軍の「悲惨な勝利」は、一般にはあまり知られませんでしたが、これが石原の第二の「思想的原点」となりました[9]。日本国民のポーツマス条約への不満が満蒙権益や韓国支配への強いこだわりにつながる一方で、日本の勝利はアジア諸民族、特に漢民族の民族的覚醒を促し、それが満蒙をめぐる日中の深刻な対立を招きました。

石原の陸大学生時代は第1次大戦中でした。戦車・飛行機・潜水艦のような大型兵器や毒ガス等非人道的兵器の出現は戦争を従来とは比べようもないほど残虐で悲惨なものに変え、本格的な反戦思想が生まれたのもここからです。資本主義を戦争原因と考える共産主義思想は既に十九世紀に出現していましたが、これと反戦思想が結びついてロシア革命が起こりました。革命政権は資本主義列強間の秘密外交を次々と暴露、これが戦後の列強による革命干渉戦争の一因になります。一般の予想に反してソ連国民は干渉戦争に耐え、革命政権を守り抜きましたが、そのことへの肯定的評価が石原の第三の「思想的原点」になりました[10]。

石原がロシア革命に深刻な影響を受けたのは、石原自身が資本主義の矛盾を実体験していたからです。第一次大戦中、資本主義は明治維新後も日本の農村に残っていた耕作権重視の社会慣行を破壊し、それが地主制度のもとで経済的矛盾のしわ寄せを一方的に背負わされていた小作たちにもろにのしかかっていたからです。石原たち青年将校が部下としてかかえる兵士の多くが小作でしたが、その小作たちは自分が徴兵で不在中、労働力不足を口実に耕作権を脅かされるという理不尽な条件下におかれていたのです[11]。

第一次大戦後に決定的となったのはアメリカからの脅威の増大でした。大戦が終わると日米関係は中国問題と移民問題をめぐって著しく緊張しました。大戦後、世界政治の中心はヨーロッパからアメリカに移りますが、それを象徴したのがベルサイユ体制からワシントン体制への移行でした。当時の中国は国内が固まってなかったためもあり対外関係は専らアメリカの現状維持姿勢（ワシントン体制）に依存することになりました。したがって石原にとっては「満蒙問題は対支問題に非ずして対米問題」となるのです。当時の日本と満蒙の地政学的関係からすれば、いずれ「日米戦争は避けることが出来ない」と考えられました。これは帝制ロシアとの戦争にすら「進軍限度」を見ていた石原にとっては大変な重圧でした。

## 石原の三つの対応

以上の重圧に対して石原は三つの対応をとりました。一つはソ連の共産主義を一種の宗教とみなし[12]、宗教には宗教で対抗する必要があると考えて国柱会（日蓮宗の一派）に入信したのです。

二つは五四運動以来、排日運動の燃えさかる中国に赴任、中国人との連帯の可能性を探りました。中支那派遣隊司令部でのほぼ一年におよぶ体験を経て彼は東アジアの民族協和に自信をもちました。

三つは、ドイツに留学、本格的な戦史研究を行いました。その結果、創り上げたのが「最終戦争論」でした。

## 最終戦争論（昭和維新論＝石原の統制主義革命論）

石原莞爾の「最終戦争論」がなかなか理解されないのは、その本質が社会主義を修正した統制主義革命論であるからです。石原はこれを軍事と宗教からしか語っていませんし、たしかに軍事と宗教には人類文化のすべてが含まれているのですが、石原には理論の完成より実践を重視する気持ちが強く、そのために彼の「最終戦争論」は未完成で、これを表面的に軍事史として読んだのでは、彼の思想面、中でも統制主義革命論としての側面を見落としてしまうのです。

石原は日蓮信者であるとともに統制主義者でした。彼は一九一七年（大正六）にロシア革命が起こった時、極めて深刻な思想的影響を受けましたが、少年時代からたたき込まれた王道論や国体論からマルキシズムの無神論や共産党独裁論を受け入れることは出来ませんでした。しかし現代社会の主要な戦争原因が資本主義の市場獲得競争（物欲）の為であり、したがって、世界が物欲に基づかない社会になれば戦争はなくなると考えた点では社会主義者と同様でした。ですから共産党の無神論と独裁論を排除して、そこに王道論と国体論を持ち込んだ彼の「最終戦争論」は社会主義革命論同様、革命が達成されれば「永久平和」の時代になると考えたのです。石原の考えでは、日蓮の王道論と国体論は統制主義と矛盾せず、しかも日蓮『撰時鈔』の「前代未聞の大闘諍一閻浮提に起こるべし」は、彼の統制主義革命＝昭和維新の前に立ちふさがるアメリカ合衆国という最終的な資本主義国に対する革命的軍事研究に不動の目標を与えたからです。

勿論、彼はそれが容易に出来るとは考えませんでした。彼には世界の一地域、一国家だけで統制主義革命が達成できるとは考えられなかったからです。したがって彼の「統制主義革命論」＝「最終戦争論」は人類の世界統一事業として考えられねばなりませんでした。

石原の凄いところは、その「最終戦争論」を単なる宗教的預言に終わらせず、過去・現代の軍事史と結びつけ科学的な未来予測に組み立てたことです。石原の「最終戦争論」が軍事を中心としたものになったのは「戦争の進化は人類一般文化の発達と歩調を一にする」ものであり、その時代性を典型的に投影するものと考えられたからです。ですから彼の「戦争史大観」は彼の「人類史大観」でもあったのです。したがって彼の「最終戦争論」は単に宗教的願望から未来を予言したものではなく、石原の軍事史的知識を総動員して組み立てられた極めて科学的な未来予測でした。

啓蒙絶対君主フリードリッヒ大王に代表される「持久戦争」と、フランス革命のナポレオンに代表される「決戦戦争」を典型例として、古代から未来にわたる各時代が「持久戦争」時代と「決戦戦争」時代に振り分けられたのです。各時代の戦闘法は幾何学的正確さをもって進歩してきたと考えられました。古代の密集隊形を「点」と考えれば、近代の横隊戦術は「線」であり、フランス革命以後の散兵戦術は「面」であり、第一次大戦で飛行機や潜水艦が現れて以後の戦闘群は「体」であるというようにです。人間は「体」以上のものは考えられませんから戦闘法としてはこれが最終的なものです。

石原は過去・現在のみならず未来に対する予測も加え、各々の時代的特色と各時代の継続年数を組み合わせて「戦争進化景況一覧表」にまとめ上げることによって、「最終戦争」の起こる時期を科学的に推定したのです。「最終戦争」は当然、決戦戦争でなければならず、最終的決戦兵器としての「一発あたると何万人もがペチャンコにやられる大威力の爆弾」（歴史の後知恵からいえば「原爆」）と「瞬時に地球のどの地点にも到着できる飛行物体」（歴史の後知恵からいえば「大陸間弾道弾」）の発明が予見され、それが完成するまではその発明を可能にする産業大革命と、東亜連盟等、国家連合による長期持久戦争が予定されました。

石原は、この科学的推論は仏教の予言とも一致すると考えたのです。未来予測に宗教的予言を必要としたのは、神ならぬ人間の未来予測は科学の力だけで完成するとは考えられないだけでなく、その予測が支配体制に不都合なものであるかぎり政治的に葬られてしまうからです。これは今日の地球温暖化対策が、人類の共通理解に至らないのをみれば良く分かります。予言は宗教的理解を得なければ人類を説得できないのです。仏教の正法・像法・末法の予言はその期待に応えるものと考えられたのです。

## Ⅱ　満州事変とは何だったのか

第一次大戦以後、アジアの国際関係を規定したのは中国の現状維持を謳った九ヵ国条約でした。ところが中国では蒋介石を首班とする国民政府の統一が進むにつれ権益回収気運が高まり、特に満州（中国東北地方）では張学良軍閥が性急な権益回収策を取り始め、満鉄をはじめ日本の権益は危機に直面しました。

こうした満蒙問題の深刻化に際し、石原は一九二八年（昭和三）に関東軍（満蒙権益を守るため現地に駐屯していた日本軍）参謀に着任、一挙に満蒙を制圧する計画を立て、その後三年にわたって、関東軍内部はもちろん、軍中央への根回しを行い、ほぼ了解の域に達していました。

しかし三一年（昭和六）三月に宇垣一成担ぎ出し工作（三月事件）に失敗した軍中央は、民政党内閣の下での事変遂行にたじろぎ方針転換を図ります。こうした軍中央の意思変更の実行役を担わされたのが事変直前に参謀本部作戦課長となった今村均でした。しかし事変勃発後、事変の拡大を阻止しようと現地に赴いた今村は、石原から「何ということです、中央の腰の抜け方は」と面罵され、説得に失敗しました。彼が本気で関東軍を押さえにかかるのはそれ以後です。

この時、中国側は蒋介石も張学良も中原大戦と呼ばれる内乱の最中で、到底、日本軍に対抗する余裕はなく、彼等が頼みにしたのは専ら国際社会の圧力と日本政府の国際協調姿勢でした。したがって満州事変で実際に対峙・敵対することになったのは、日本政府の意向を受けた軍中央の今村と、関東軍を代表する石原だったのです。

今村は天皇に上奏して関東軍司令官の権限の一部をとり上げ、関東軍が独断で戦域を拡大する道をふさぎましたが、それに対して石原がとったのは于冲漢など保境安民派や地方弱小軍閥など現地民の独立運動を扇動して戦域を拡大することでした。日本政府は十月二十六日第二次政府声明を出して国際的に日本軍の撤退を約束しますが、これがその後の軍機漏洩問題につながります。日本の国内世論が圧倒的に関東軍を支持する中で、遂に民政党内閣は閣内不統一を起こして瓦解、内閣が交代した段階で今村と石原の闘いも決着がつきます。その後、事変は拡大の一途をたどり遂に満州国の成立を見ました。

問題点は三つありました。第一は、日本外交の欧米協調姿勢が破壊されたことで、当然、国内政治体制も根本的変革を迫られることになり、血盟団事件や五・一五事件を誘発することになりました。第二は、満州国という名目的には独立した植民地を創ったことで台湾や朝鮮に対する植民地統治との間に深刻な矛盾を持ち込んだことです。満州国は、石原にとっては武力に依らず現地民との協力で国作りを行ったという意味で、文字通り「民族協和」の産物でした。したがって石原には満州国はその成立後も「最終戦争の基地」として現地民との連帯が重要であり、その「政治の独立」が必要でした。しかし「内鮮一体化」を名目に独立運動を厳しく取り締まってきた朝鮮総督府にとって「政治の独立」など危険きわまる思想に外なりませんでした。一般の日本人にとっても満州国はあくまで日本の実力で勝ち取った植民地であり、独立は名目で　実質は「権益」の対象に外なりませんでした。第三は、ソ連軍事力に対する甘い見通しです。ソ連は満州事変に際しては直接介入はしませんでしたが、以後、ソ連軍事力の圧力が日本軍事力の相対的弱体化を招きました。

## Ⅲ　何故、日中戦争拡大を阻止できなかったのか

石原が参謀本部作戦課長として軍中央に迎えられたのは一九三五年（昭和十）八月でした。満州事変から僅か四年、驚かされたのは満州事変当時は日ソの軍事力は大体平衡がとれていたのに、その後のソ連軍事力の飛躍的増大によって日本の在満兵力は極東ソ連軍の数分の一に過ぎず、殊に空軍や戦車では比較にならない状態になっていたことでした。そのことは石原の軍事理論の中で、経済的に弱体な日本にとって最も魅力的な部分、すなわち「戦争で戦争をやしなう」という長期持久戦論の前提条件が崩れたことを意味しました。石原は総力戦論に豹変します。

そもそも嫌われ者だった石原が軍中央に迎えられたのは、満州事変以後、激増したソ連軍事力への対応を巡って軍中央内部で派閥（統制派と皇道派）対立が激しくなり、それを収拾出来るのは石原以外にないと期待されたからでした。ところが石原が参謀本部に登庁した初日に統制派の中心人物であった永田鉄山が皇道派の相沢中佐に惨殺される事件が起こり、相沢の軍法会議をめぐる両派の激突が二・二六事件を呼び起こし、それを見事に収拾したことで石原の評価は更に高まり、石原時代ともいわれる時代が来ます。

石原はソ連の東亜兵備に対応するため在満兵備の大増加を要望、広田内閣へ国防力の大拡充計画を提出したに留まらず、ソ連計画経済の研究者として知

られる宮崎正義に日満財政経済研究所を設立させて統制経済による軍備拡充計画にも乗り出しました。

しかし石原が最も憂慮したのは関東軍の華北分離工作でした。北方にソ連という強敵が出現した状況下で、これを放置すれば必ずや泥沼の日中戦争となり日本の命取りになることが予想されました。石原にとって最悪だったのは、この段階で関東軍の参謀副長に今村均が就いたことでした。したがって三六年（昭和十一）十一月に華北工作を断念させるため石原が新京（今日の長春）を訪れた時、出迎えたのは今村だったのです。石原は四年前に「腰抜けの中央」と面罵した当人を前にして、同じ「腰抜けの中央」を演じなければなりませんでした。石原が関東軍参謀達を前に重い口を開いた時、反論に立ち上がったのは武藤章大佐でした。「私はあなたが満州事変で大活躍されました時分、この席に居られる今村副長と一緒に参謀本部の作戦課に勤務し、よくあなたの行動をみており、大いに感心したものです。そのあなたの行動を見習い、その通りを内蒙で実行しているものです」。そういうや否や他の参謀共が口をあわせて哄笑し石原は一言の反論も出来なかったといいます。石原は華北分離工作中止を断念する以外ありませんでした。ところが翌三七年（昭和十二）三月、石原は少将に昇進し第一部長になるや、何と武藤を参謀本部作戦課長に招いたのです。手許に置いて教育しようと考えたのかもしれません。

しかしその七月、石原の憂慮した通り日中戦争が勃発、悲劇が起こります。不拡大と拡大をめぐって石原部長と武藤課長がことごとく対立、その結果は、ご承知の通り日本の戦争指導は迷走、結果として戦争は拡大の一途をたどることになったのです。石原は軍中央のことは参謀次長の多田駿に任せ、ソ連に備えるべく関東軍参謀副長に転出しました。

満州に戻った石原はここでも参謀長の東條英機と激しく対立することになります。対立要因に将校夫人達の組織である国防婦人会に軍の機密費が支出されていたのを石原が差し止めた件があります。婦人会の会長は東條夫人でしたから、東條は家族ぐるみで面目を失うことになり、以後の両者の対立には、民族協和など表向きの理由は別として、この件が決定的だったと思われます。

日中戦争の泥沼化を懸念した近衛首相は、三八年（昭和十三）六月、陸相に板垣征四郎を抜擢し、多田駿参謀次長との連携で陸軍首脳を石原派で固め、和平を図ろうとしました。しかしこの動きは、逆に梅津美治郎陸軍次官等、反石原派の危機感を招き、これ以後、さまざまな石原派つぶしが行われることになります。板垣が陸相となる直前に東條が次官に起用されたのも石原派つぶしの一環でした。東條の妨害で板垣は期待された仕事は何も出来ず、日独伊三国同盟の強化問題のみに終始する結果となります。板垣は次の平沼内閣にも陸相として留まりましたが、あろうことかソ連とのノモンハン事件の最中に独ソ不可侵条約が発表され、その情報能力に対する信用を決定的に失います。板垣の信用失墜は石原派全体の信用失墜につながり、陸軍三長官の推薦にもかかわらず多田駿陸相案が天皇から拒絶される事態を招きました。

三九年（昭和十四）九月、欧州で第二次大戦が勃発、アメリカが世論にしばられて中立を宣言する中でドイツの優勢が伝えられます。四十（昭和十五）年六月、ドイツがパリを占領すると、もはやドイツの勝利は確定したかの予測が生まれ、東南アジアのフランスやオランダ植民地は権力の空白地帯になった感がありました。日本では南方進出の気運が一気に高まり、新体制運動が展開される中で、七月、第二次近衛内閣が発足し東條が陸相に就任します。

日本軍が北部仏領インドシナ（今日のベトナム）に進駐、日独伊三国同盟が締結されると、日本に対してはアメリカによる経済封鎖（ＡＢＣＤ包囲陣）が行われ、日本を対米戦争に追い込む謀略、例えば近衛側近の尾崎秀実がスパイの一味として逮捕されたゾルゲ事件などが起こされます。対米戦など不可能と考える近衛が退陣し、東條が組閣、遂に対米戦争に踏み切りました。

## Ⅳ　東亜連盟運動（師団長時代と予備役の石原莞爾の役割）

話を三八年（昭和十三）八月時点までさかのぼります。日中戦争を政府や軍の力では解決出来そうもないとなった時、石原は退役して自ら和平運動を行い局面を打開しようとしました。石原は自身その中心に立つことも考えたようですが、板垣がそれを許さず、先ずは舞鶴要塞司令官とし、次いで京都の第十六師団長に任命したので現役に留まりました。そこで三九年（昭和十四）十月、東方会所属代議士の木村武雄が石原に代わって東亜連盟協会を発足させることになりました。機関誌『東亜連盟』を発刊、会員数も自称数十万と豪語し、翌四十年（昭和十五）には各地に支部を設け、機関誌発行部数も約3万に及びました。議会内でも木村の呼びかけで東亜連盟促進議員連盟が結成され、貴族院で二五名、衆議院で一七三名の呼応者がありました。

東亜連盟のスローガン「政治の独立」・「国防の共同」・「経済の一体」は中国でも繆斌や汪兆銘など対日協力者の間に共感を呼び、東亜連盟を名乗る政治団体が結成され、支那派遣軍の支持もあって順調に発展するかに見えました。しかしアメリカによる対日包囲網が強くなる中で南方進出を図る東條陸相等は、石原派の勢力が伸びるのを喜ばず、四一年（昭和十六）三月、石原を予備役に編入すると共に東亜連盟を弾圧する方向に踏み切りました。これで東亜連盟による日中和平に途はなくなりました。

石原にとっては日中戦争を継続したままでの対米戦争など論外のことであり、四一年（昭和十六）十二月、日本が対米戦争に踏み切った段階で敗戦は避けられないと考えました。その時から彼は、従来、半ば政治的であった東亜連盟運動を全面的に文化運動に切り換え、理論の完成と組織の改革に努め、専ら戦後日本の再建を準備することにしたのです。そのため会費制の確立や会員の訓練による「数より質の向上」を目指す組織改革を行いましたが、そのことの意味は会の幹部にすらよく分からなかったようです。会費制による会員数の激減には幹部達の抵抗がかなり長く続きました。しかし会の活動を政治的なものから文化運動に移したことは政府当局からの弾圧を避ける上では大いに役立ったようです。石原自身も住所を京都から鶴岡に移したこと等も隠棲とうけ取られ、東條にとっては安心材料だったと思われます。その実、石原は東亜連盟の支部が催す講習会や座談会に引っ張りだこだったのですが、ともかく東亜連盟は四二年（昭和十七）暮れまでには組織の存続がほぼ確定しました。

会活動の中心を講演会から講習会や座談会に移し、その内容も、特に敗戦後の食糧難を予想して農業を重視し、酵素肥料普及会等を組織しましたが、これは化学肥料が欠乏する中で農民には魅力的だったようで会員数の維持拡大に役立ちました。石原が東亜連盟の農業理論の構築を期待したのは池本喜三夫でしたが、池本には石原理論に受け入れがたいものがあり、池本に代わって『池本農業政策大観』を書いたのは武田邦太郎でした。

しかしドイツにおける第一次大戦後の政治的混乱を肌で識っていた石原が、戦後の日本に最も存続を期待したのは「国体護持」でした。今日のような激動・激変の時代には社会的利害の分裂は不可避であり、その利害を乗り越えられるカリスマとして、特に敗戦後には不可避と考えられる共産革命に備える政治的統合力としての皇室の存在に期待するところが大きかったのだと思われます。彼が天皇は勿論のこと、秩父宮や三笠宮、東久邇宮への御進講に特に意を用いたのもそのためでした。

## Ⅴ　敗戦は神意なり

敗戦直後、一般国民が茫然自失という中での石原の登場が水際立ったものであったことは良く知られています。それは彼が太平洋戦争勃発時点から戦後に備える準備を行っていたことからすれば当然のことでした。そのことはまた彼が、「敗戦は神意なり」として、日本人自身による武装解除と日本再建計画を携えて全国遊説を志したこととともつながります。この日本再建構想の中核をなしたのが「国体の護持」だったのです。これがマッカーサーの占領政策ともかみ合って戦後の日本の混乱を最低限に押さえることにつながりました。

しかし一九四六年（昭和二一）一月、東亜連盟はGHQによって解散させられ、石原や東亜連盟の幹部達は追放されました。会員達のかなり多くの者が国民党として活動を継続しましたし、建設目標とされた「都市解体」・「農工一体」・「簡素生活」も敗戦直後のものとしては妥当性を持っていたと思われます。

残念ながら、ここで幹部達の多くを含めて東亜連盟会員達と石原個人の思想的開きがこの運動の無力化につながりました。石原の目指したところが統制主義革命であったことは言うまでもありませんが、数十年先の「最終戦争論」は、占領軍の中でもアメリカ軍の持つ圧倒的な物量と、占領実務を担った多くのニューディーラーに支えられたマッカーサー元帥の日本占領政策の前では威力を発揮出来ませんでした。皮肉なことに石原が精魂込めて準備した「国体の護持」も、平和憲法や農地改革等、連合国軍の占領政策の妥当性とかみ合って、敗戦後にしては政治的混乱が予想外に少なかったことで、その成果は占領政策の成功に吸収されました。ただ、聯合国民に卑屈になっていた日本国民の前に、石原個人のために設けられた酒田の軍事法廷で、石原が公然と日本人の名誉の為に万丈の気をはいたことは多くの日

1947年４月30日　酒田臨時特設法廷に向かう石原
（『永久平和の使徒石原莞爾』冬青社、1996年より）

本人の心の支えになりました。

戦後の石原の活動を阻害した最大のものは健康でした。宿痾となった彼のパピローム（膀胱腫瘍）は現役時代からのものでしたが、戦後はこれが悪性のものとなり、彼の活動を制約し、戦後4回目の終戦記念日の八月十五日、石原は彼を慕う多くの若者達に見守られながら旅立ちました。

石原の残した国民党が僅か三年で解党し、その後、武田邦太郎などが造った協和党なども意外と振るわなかったのは、東西冷戦、特に朝鮮戦争勃発による日本資本主義の復活と再軍備への動きが石原陣営を分裂させたことが大きいと思われます。それには石原思想の根幹となった「統制主義革命論」が断片的にしか語られておらず、石原の生涯を貫いた「最終戦争論」の本質が何であるかをつかみとることが困難であったことが響いていると思われます。

石原が「最終戦争」を予告した人間として、日本人、いや人類に残した最も確かな遺言は「戦争放棄

石原が晩年を過ごした西山の家

による永久平和」でした。四八年（昭和二三）十一月二十三日の石原日記にはトーキー映画『立正安国』（戦争放棄に徹しよう）を撮ったことが書かれています。その中で彼は次のように言っています。

「日本は蹂躙されても構わないから、我々は絶対に戦争放棄に徹して生きてゆくべきです。ちょうど、聖・日蓮が龍の口に向かっていく、あの態度、キリストが十字架を背負って刑場に行く時の、その態度を、我々は国家として取る[13]」

彼が若い日に心魂を傾けて創り上げた「最終戦争論」が、裏返せば「永久平和論」となることを考えれば、彼の《永久平和論》を彼の思想の核心と考えることはそれほど間違ってはいないと思われます。

本稿は二〇一九年三月八日に地球市民かながわプラザで行われた神奈川県高等学校教科研究会での講演要旨に加筆修正したものです。

註

（1）拙著『毅然たる孤独』同成社、二〇一二年、四頁
（2）拙編著『東亜連盟期の石原莞爾資料』同成社、二〇〇七年、参照
（3）桂川光正「東亜連盟論の成立と展開」『史林』63号、「東亜連盟運動小史」『石原莞爾選集』6「解説」等
（4）ピーティ『「日米対決」と石原莞爾』たまいらぼ、一九九三年の第十章は「理論の黄昏」となっています。
（5）拙編著『石原莞爾の王道論と淵上辰雄の「派遣日記」』同成社、二〇一八年、参照
（6）白土菊枝『将軍石原莞爾』まこと会、一九九五年、二四〇頁
（7）前掲『毅然たる孤独』第一章「父啓介は反面教師だった」
（8）『最終戦争論・戦争史大観』中公文庫、一二八頁
（9）同前、一二三頁
（10）第一章第一節「石原莞爾の満州事変」は石原の思想的原点がロシア革命にあったことを論証したものです。
（11）小作制度は、明治維新以後、特に第一次大戦以

後、日本農業にとって最大の問題でした。第一次大戦以後、小作人組合が生まれ、小作争議が頻発したのはそのためです。

(12) 共産主義は資本主義を批判する段階では科学的ですが、社会主義を実践する段階では非科学的、即ち宗教的側面を持たざるを得ないと考えるのです。

(13) 石原莞爾平和思想研究会編『人類後史への出発』展転社、一九九六年、一九三頁

# 付論2　戦中戦後の東亜連盟運動と石原の指導について
## ――淵上千津の体験談――

昭和二五年に保坂富士夫が編集した『石原莞爾研究』第一集には、淵上千津の「三つの面」という文章が載っています。これには退役後の石原に近侍した人ならではの驚きの姿が映し出されております が、そのこととの関連から、わたしは淵上から戦中戦後にかけての石原莞爾に関する次のような生々しい体験談をいただきました。

この証言は戦中から戦後にかけての石原のイメージを補強してくれるところがあると信じます。凄い人は死ぬまで凄いのです。同時に、これが、あまり知られていない淵上千津の活動記録であることはもちろん、戦中戦後の、特に、東亜連盟の、組織としては解体後の活動記録でもあることは注意を要するところです。

（その時は）鶴岡の将軍のお宅で昼食のご接待になることになっていました。小泉先生と私は、途中で会った朝鮮の青年（井上君）に、「貴男も一緒に伺いましょう。きっと将軍は御喜びになると思いますよ」といって井上君を誘い、同行して将軍宅に伺ったのですが、玄関先できついお叱りをうけることになりました。

井上君は予約にないからと、軽くお断りがあり、井上君は失礼して帰りました。

小泉先生と私は、招じられて席に着きましたが、「小泉一統には気の毒神経がないから」ときついお叱りでした。帰途、小泉先生は「私たちの分を削れば井上君もご一緒に頂戴できたのに…」とご不満でした。その時は私も同調しましたが、後日になって考えてみれば、将軍のお叱りには深い意味が込められていたと思います。

当時は食糧不足で、旅行には炭・米を携帯するのが常識でした。将軍のお宅でも庭の隅まで空いているところは野菜を作られていました。しかし、同志達は、何かあれば将軍に食べていただきたいと願い、せっせと食料を運んできました。それを将軍は出来るだけ来訪者に食べさせて下さるのでした。将軍にはその食は立正安国のための食であり、そのご相伴の順位はもちろん、将軍のご判断にありました。

又、玄米食・酵素食等、すべて来訪者の範となるようお考えになっておられました。もちろんそれは、奥様が以心伝心でお造りになるのでした。玄米食の柔らかく消化の良い炊き方、美味であることに来訪者は驚いたものです。酵素食もそうです。石原家の食事には常にその旨がありました。

同志から届いたものは、適切に、同志の範となるように、その日の優先順位に従って、振舞われておりました。それでも飛び入りの客が始終ありますので、奥様は少々多い目に用意され、ご自身は何時も残り物を食べていられました。どうしても足りなければ、先ず、奥様はご自分の分を食事客に供されていました。それを将軍は常にみておられました。もし井上君に食事を出すとなれば、それは小泉先生や私の食事を削るのではなく、奥様の分がなくなるのです。その様なことが毎日のように繰り返されている石原家の台所事情でした。

ちなみに当時の庄内支部は将軍のお宅に近く、立ち寄る同志達は支部で待機したり連絡したり、諸事万端処置してくれますので、井上君が空腹のままということはありません。小泉先生や私どもの視線は真っ直ぐに前方をみていても、両サイドに考慮が足りず、自分の判断で井上君を連れて行けば、きっと将軍は喜ばれると決めての行動です。婦人運動を志すものが、奥様の立場が全然目に入って居らずに行動していることへのお叱りでした。井上君も私たちの軽はずみな行動で傷ついた面もあるかと思います。

将軍は夜はことに痛みがあり、お眠りになれず、奥様の霊気療法でまどろまれるのが常ですから、奥様の健康は不良でした。奥様に何かあれば将軍のご健康にすぐ響くのでした。その様な私たちでは庄内農村の働く女性達の苦境は把握できないことは後々反省致しましたが。

私たちは理論的で頭でっかちなところがありました。将軍は、羽仁もと子さんや主婦連のような生活密着型の運動の必要を感じておられましたが、小泉一統と云われる私たちにはそれが欠けていました。もちろん衣服の改善も酵素食もやりましたが。

終戦の年の八月十三日頃、私は東北婦人部長でしたが、「生活に科学を求めて」というテーマで、冨塚清東大教授の講習会を十和田湖の休み屋観光旅館で行うことになっておりました[1]。しかし、この時は終戦の真っ只中で、東京は大混乱、先生はどうしても東京を出られず、私た

では……と叱られましたが、五万分の一の地図など、私は苦手でした。

この講習は将軍に内容もすぐ伝わりますので、もっと指導原理の勉強時間をとって貰いたいと、講習生から、何支部の会員から、注文が入っているよ、などご注意がありました。会は好評でしたが、今思えば、女性会員にとっては、よいリラックスの場であったかも知れません。当時はご夫婦が、選挙の投票に行くにも別々に離れて歩くような時代でしたから、女性達が集まって何かをする事自体、珍しく、ある種の解放感があったのかも知れません。

その頃の西山辺は美しい海岸でした。春は、防風林と日本海の間の砂丘には、ハマボウフウや松露が顔を出し、やがてハマナスや月見草、カラスノエンドウなど美しい夏草が咲き乱れます。月夜には受講生は浜に出て、キャンプファイヤーして唱いました。何も娯楽の無い時代でしたから、農村の女性達はみんな喜んでいました。

砂丘は美しく、浜辺から西山農場に入ってくる受講生も割合多かったのですが、一夜、風が荒れると忽ち日輪兵舎への入り口がわからなくなります。砂丘の形が変わりますと、道が無くなったりします。夕方、着いて、入り口の道がわからずで砂丘と砂丘の窪みの道ですから、風野宿した人も幾人かいました。吹浦から酒田まで防風林が植えられていましたが、長い長い砂丘でした。

真冬もこの講習会はやりました。ある年、開講日が猛吹雪で、羽越線も不通でした。吹浦はふくらと読みますが、文字通り吹く浦で、雪も吹きつけるのは上半身で、下半身は砂丘の砂が舞い上がって吹きつけるので砂だらけでした。吹浦の駅から西山農場への松林の中の踏み分け道は消えてしまい、農場へは行きようがありませんでした。私も誰も来られないと思い、あきらめて家にいました。予想道り、その日は誰も会場には来ませんでした。何事も無かったのですが、このことは将軍からお叱りを受けました。[3]

嵐であれ何であれ、開講取り消しの通知が届いていないのなら、誰かが万難を排して会場に来ないとは云えません。もし来た人がいたらどうしますか？　と将軍からお叱りを受けました。常識的に考えれば、荒れやすい海岸を走る羽越線は、猛吹雪の時は不通ですので、誰も来られないし、当日、大荒れだったので、このようになったのですが、将軍は誰が来なくても、講師は会場にいなくてはいけませんと言われました。無理なようですが、東北の冬の天候、交通事情を主催者はよく把握して万全を期すべきで、もし不通の怖れがあるのなら、前もって中止、延期の処置を採る。もし万が一、熱心な参加者が来てしまうおそれのある場合はもちろん、ない場合でも、前日に行ってでもそれに備える算段が必要である。などの心得を示唆されていたと思います。それが指導者ですと言われたと記憶しています。指導者原理を説かれたと思います。

これはずっと後になって私が思ったことですが、八甲田山死の行進の場合でも、一兵も失わず任務を果たした部隊があったと聞いておりますので、常に兵の命をかけて戦を指揮する将軍の厳しい姿勢を拝したのでした。八甲田山のことでは、板きれ一枚、兵士に持たせる知識があれば、悲劇は激減していたはずとも聞いています。指導的立場というものへの心得を身にしみて覚えたときでした。

お話しは少しそれますが、鶴岡の将軍のお宅で中華料理の作り方を講習して下さったことがありました。先生が日本人だったたか、異国の人だったたかも覚えておりませんし、どんなお料理だったたかも覚えておりませんが、終わって、将軍から感想を聞かれ、何かお答えしたのですが、将軍は何も仰らず、散会しました。講習会といっても、三、四人で、ご近所の同志の女性達だったと思います。

将軍はその時、中華料理に対して、何か心に響くものがあり、それを習得させたいお気持ちがあったと思いますが、ろくに際立った感想もない私に失望されたのでしょう。何も仰らなかったのです。将軍の関心に対して私の答えは的外れだったのかも知れません。そんな時、将軍は誘導尋問のようなことはされず、無言であったと思います。将軍が失望されたように思った喪失感のようなものがズーッと残っています。

大体において、お気に入らないお答えをした場合、一寸、ご機嫌が悪く、無言でいらっしゃったと思います。

**註**

（1）拙編著『東亜連盟期の石原莞爾資料』同成社、二〇〇七年、三六四頁の注4参照

（2）戦時中の自動車は木炭車で、馬力がなく、坂をのぼることが出来なかったのです。

（3）前掲『東亜連盟期の石原莞爾資料』四六五頁参照

# 関連年表

| 一般的事項 | 昭和天皇関係事項 |
| --- | --- |
| 大日本帝国憲法 | |
| | 0歳　裕仁親王誕生 |
| 日英同盟 | 1歳 |
| 日露戦争勃発 | 3歳 |
| 日露戦争終結<br>ポーツマス条約 | 4歳 |
| | 8歳 |
| 韓国併合<br>朝鮮総督府 | 9歳 |
| 辛亥革命 | 10歳 |
| 第一次大戦勃発 | 13歳 |
| | 14歳 |
| | 15歳　立太子 |
| ロシア革命 | 16歳 |
| 第一次大戦終結 | 17歳 |
| パリ講和会議 | 18歳 |
| | 19歳 |
| ワシントン会議<br>原敬首相刺殺 | 20歳　欧州歴訪<br>摂政 |
| | 21歳 |
| 関東大震災 | 22歳 |
| | 23歳　久邇宮邦彦王の第一女王良子と結婚 |
| | 24歳 |
| | 25歳　昭和天皇即位 |
| 張作霖爆殺事件 | 27歳 |
| 世界恐慌 | 28歳　張作霖事件の処分で田中首相を叱責 |

| 西暦 | 和暦 | 石原莞爾関係事項 |
|---|---|---|
| 1889年 | 明治22年 | 0歳 |
| 1901年 | 明治34年 | 12歳 |
| 1902年 | 明治35年 | 13歳　仙台陸軍地方幼年学校入校 |
| 1904年 | 明治37年 | 15歳 |
| 1905年 | 明治38年 | 16歳　仙台陸軍地方幼年学校優等卒業 |
| 1909年 | 明治42年 | 20歳　陸軍士官学校卒業<br>歩兵少尉 |
| 1910年 | 明治43年 | 21歳　韓国駐屯 |
| 1911年 | 明治44年 | 22歳 |
| 1914年 | 大正3年 | 25歳 |
| 1915年 | 大正4年 | 26歳　陸軍大学校入校 |
| 1916年 | 大正5年 | 27歳 |
| 1917年 | 大正6年 | 28歳 |
| 1918年 | 大正7年 | 29歳　陸軍大学校優等卒業 |
| 1919年 | 大正8年 | 30歳　国府銻と結婚 |
| 1920年 | 大正9年 | 31歳　中支那派遣隊司令部付 |
| 1921年 | 大正10年 | 32歳　陸軍大学校教官 |
| 1922年 | 大正11年 | 33歳　ドイツ駐在 |
| 1923年 | 大正12年 | 34歳　〃 |
| 1924年 | 大正13年 | 35歳　〃 |
| 1925年 | 大正14年 | 36歳　最終戦争論発表　陸軍大学校教官 |
| 1926年 | 大正15年 | 37歳 |
| 1928年 | 昭和3年 | 39歳　関東軍作戦参謀 |
| 1929年 | 昭和4年 | 40歳 |

| 一般的事項 | 昭和天皇関係事項 |
| --- | --- |
| ３月事件<br>満州事変<br>10月事件 | 30歳 |
| 満州建国宣言<br>五・一五事件 | 31歳 |
| 日本・ドイツ、国際連盟脱退 | 32歳 |
| 相沢事件 | 34歳 |
| 二・二六事件 | 35歳　二・二六事件の鎮圧命令 |
| 日中戦争勃発 | 36歳 |
| 国家総動員法<br>ミュンヘン協定 | 37歳 |
| ノモンハン事件<br>第二次大戦勃発 | 38歳 |
| 日独伊三国同盟<br>大政翼賛会 | 39歳 |
| 日ソ中立条約<br>太平洋戦争勃発 | 40歳　米英に対し宣戦布告 |
| イタリア無条件降伏 | 42歳 |
| ドイツ無条件降伏<br>日本　無条件降伏<br>第二次大戦終結<br>マッカーサーの５大改革指令 | 44歳　ポツダム宣言受諾 |
| 日本国憲法<br>極東国際軍事裁判始まる | 45歳　国内巡幸を始める |
|  | 46歳 |
| 中華人民共和国建国宣言 | 48歳 |

| 西暦 | 和暦 | 石原莞爾関係事項 |
| --- | --- | --- |
| 1931年 | 昭和６年 | 42歳　満州事変 |
| 1932年 | 昭和７年 | 43歳　ジュネーブ国際連盟会議随員 |
| 1933年 | 昭和８年 | 44歳　歩兵第４連隊長 |
| 1935年 | 昭和10年 | 46歳　参謀本部作戦課長 |
| 1936年 | 昭和11年 | 47歳 |
| 1937年 | 昭和12年 | 48歳　参謀本部作戦部長<br>関東軍参謀副長 |
| 1938年 | 昭和13年 | 49歳　昭和維新論<br>舞鶴要塞司令官 |
| 1939年 | 昭和14年 | 50歳　仏滅年代の矛盾に気付く<br>京都第16師団長<br>東亜連盟協会発足 |
| 1940年 | 昭和15年 | 51歳　戦争史大観<br>戦争史大観の由来記（石原の自伝） |
| 1941年 | 昭和16年 | 52歳　予備役編入<br>東亜連盟協会顧問<br>『東亜連盟』に「日蓮無用論」掲載 |
| 1943年 | 昭和18年 | 54歳 |
| 1945年 | 昭和20年 | 56歳　終戦に際し「敗戦は神意」と喝破<br>京都朝日会館で「新日本の建設」<br>以後、これを全国に遊説 |
| 1946年 | 昭和21年 | 57歳　東亜連盟解散<br>逓信病院入院<br>西山に入植 |
| 1947年 | 昭和22年 | 58歳　酒田の極東国際軍事裁判法廷に出廷 |
| 1949年 | 昭和24年 | 60歳　「新日本の進路」「日蓮教入門」<br>永眠 |

石原莞爾にはまだ完全に安心して依拠できるような資料集はありません。ということは完全に満足できる伝記もないということです。理由は簡単です。石原理論を信奉する人は極めて多くいたにもにもかかわらず、それぞれが抱くイメージが違いすぎて、統一した資料集が作れなかったのです。

発端は石原没後満一年を期して出版された精華会編『石原莞爾研究』第一集にありました。これは保坂富士夫が中心になって、何らかの意味で関係をもった人々から石原についての思い出を書いてもらったものを、そのまま編集したものでした。第一集とあることからも判るように保坂がその後も出来る限り多数の関係者からの聞き取りを集め、第二集、第三集と続けるつもりでいたことは確かです。

しかし完成した『石原莞爾研究』第一集を見た武田邦太郎は、里見岸雄の「伯林時代の石原莞爾」の内容がけしからんと言って、積み上げられた冊子全部から里見の部分をハサミで切り取ったといいます。この話は淵上千津氏から聴いたのですが、武田氏本人や関係者から確認をとる勇気がでないままになってしまいました。私にはこうしたことを確認していれば、石原研究は続けられなくなるという予感があり、こうした仲間内の争いのある問題には、敢えて確認をとらないで研究を続けてきたという経緯があります。

その経験からも阿部博行『石原莞爾』上・下（法政大学出版局、二〇〇五年）の執筆姿勢には感動しました。同氏は対立意見を恐れず、問題点には必ず両論併記の労をいとわれなかったからです。歴史研究には当然のことながら、石原の場合には、対立の激しさから踏み込むのを躊躇するところがあるからです。

角田順編『石原莞爾資料　戦争史論』（原書房、一九六七）、角田順編『石原莞爾資料　国防論策』（原書房、一九六八）は良く出来た資料集ですが、日記の部分に読み間違えや、注記の誤りなどがかなりあります。特に昭和十五年七月二十八日「大阪ニテ大臣ト会見」の大臣に（畑）という注記をつけているのは、間違い方が素人くさく、おそらくこの日記の原物を読んだのが石原六郎であろうことをうかがわせ、角田順は（注記）を含めてそのまま掲載されたのだろうと思われます。

『石原莞爾全集』（全七巻・別巻、一九七六〜一九七七）は白土菊枝が中心になって、石原莞爾生前の刊行物を中心に編纂したものですから確実なものに思えるのですが、後藤昌次郎弁護士によれば、この中にも石原自身が書いたものではないものが混じっているということです。

編集方針に問題を感ずるのは、『石原莞爾選集』（たまいらぼ、一九八五年）の第一巻と第二巻です。いずれも石原が妻銻子に宛てた書簡集ですが、読み間違えがあるのはやむを得ないにしても、中には単なる読み間違いとして見逃し得ないものもあります（第一節「石原莞爾の満州事変」の注記参照）。特に第二巻には、手紙の中に前後、頁の乱れがあるのが問題です。これらの手紙はこの時代の石原の詳細な日記として読めるものですが、日記として読む場合、頁の乱れがあるのは看過出来ません。

以上に述べた伝記や資料集に対する不満は、本来、石原自身に正確な伝記を期待する気持ちがなかったと思われることからすれば、あまり意味がないこととも思われます。何といっても彼には彼自身が書いた『最終戦争論・戦争史大観』（中公文庫、一九九三年）があり、それを熟読すれば彼の基本姿勢がどのようなものであったかは間違いなく判ります。

蛇足を承知で付け加えるとすれば、彼の日本敗戦後の見通しの素晴らしさは驚嘆に値します。「敗戦」に「昭和維新」の絶好の機会を見いだすことなどは、どのような事態にも「マイナス条件をプラス条件に読み替える」石原の強靱な思考力が見られると思われます。

# 石原莞爾と昭和天皇

——敗戦は神意なり——

■著者略歴■

**野村　乙二朗**（のむら　おとじろう）

1930年　山口県山口市に生まれる。
国学院大学卒業。都立高校教諭を経て国学院大学講師、東京農業大学講師を歴任。

著書　『近代日本政治外交史の研究』（刀水書房、1982）、『石原莞爾』（同成社、1992）、『東亜連盟期の石原莞爾資料』（同成社、2007）、『毅然たる孤独』（同成社、2012）、『石原莞爾の王道論と淵上辰雄『派遣日記』』（同成社、2018）

共著　『人間吉田茂』（中央公論社、1991）、『再考・満州事変』（錦正社、2001）、『その時歴史が動いた15』（KTC中央出版、2002）

2022年 5 月 30 日初版発行

著　者　野村乙二朗
発行者　山脇由紀子
印　刷　亜細亜印刷㈱
製　本　協栄製本㈱

発行所　東京都千代田区飯田橋 4-4-8 東京中央ビル内　㈱同成社
TEL 03-3239-1467　振替 00140-0-20618



ISBN978-4-88621-882-7 C0021